【文庫クセジュ】

モラル・ハラスメント

職場におけるみえない暴力

マリー=フランス・イルゴイエンヌ著
大和田敢太訳

白水社

日本語版刊行に際して

私の著書の日本語版が出版されることは、著者として嬉しく思うとともに、日本で、モラル・ハラスメントを理解するための一助たらんことを願っています。

世界中で、調査を通じて、職場におけるモラル・ハラスメントが絶えず増大していることが明らかになっている。経済のグローバル化と競争の激化によって、労働者への圧力は増大し、これが、人々の間で、緊張や暴力を増加させているようだ。モラル・ハラスメントに対処し、防止し、個人への影響や経済的・社会的影響を食い止めるためには、そのメカニズムをよく理解する必要がある。モラル・ハラスメントは、標的となった人の肉体的なあるいは精神的な健康とともにそのアイデンティティにも重大な影響を及ぼすだけではなく、欠勤、生産性そして従業員配置という面で企業組織にも重い費用負担を課すことになる。

モラル・ハラスメントは、確認することが難しいみえない暴力である。仲間はずれ、職場ぐるみの中傷、なされた仕事への悪口、労働の過小評価、公然たる侮辱、悪意に満ちたうわさ話、これらが、理由なく人を傷つけるのである。確認することが難しいのは、一つ一つは些細な攻撃がばらばらに行なわれると、当たり障りのないものに思えたりするからだが、それが一定期間に繰り返されると、まぎれもない暴力となる。標的となった人にとっては、苦痛は、攻撃そのものだけから生じるのではなく、無力な状態に置かれ、反応することを妨げられているという状態の結果なのである。

モラル・ハラスメントは、複雑なプロセスをなすもので、一つの原因だけではなく、心理学的な、社会学的な、経営的なさまざまな要因と結びついており、これらが、相互に作用し、増幅しあっているのである。この研究が発展してきて、ハラスメントの被害者や加害者には典型例は存在しておらず、ハラスメントを許容したり助長したりする企業の組織的な要因によって、ハラスメントが生じることが明らかにされている。労働が人間的でなくなってきたところでは、労働は、もはや人間関係を通じてではなく、数字、目標や成果によってでしか具体化されないのである。規格化や管理主義を介して、収益性が追求され、その結果、人の肉体的なあるいは精神的な健康への影響には関心が払われなくなっている。労働者は、常により早く、より早くと働かなければならず、いつも新しい技術に適応しなければならない。労働者は競争に駆り立てられ、好成績の者が選別され、成果の少ない者は排除されていく。労働者にかかる圧力が、労働者を暴走させて、ハラスメント実行者の立場へと転じさせてしまう。あるいは反対に、労働者を脆弱化し、潜伏していた攻撃者にとっての標的となってしまうのである。ハラスメントされた人は、職を失う恐れから、反応したり、抵抗したりはできない。そのため、一部の国では、法律や政策が存在していても、ハラスメント被害者にとっては、自分を守ることにいつも困難を伴うのである。使用者が、ストレスに対応するための措置を講じ始めているようであるが、ハラスメントを見定めようとすることには躊躇している。使用者は、ハラスメントをあまりにも主観的なものだとか、労働者の性格にあまりにも結びついているとか考えているからである。使用者は、生産における人間的な要因の重要性に気づかないままである。

モラル・ハラスメントは、個人間の人間関係の問題にすぎないのではなく、個人を対象としている集団的な暴力の発現なのである。だから、モラル・ハラスメントの問題は、私たちがこの社会において希求しようとする価値を、私たちに問いかけようとしているのだ。

二〇一六年十二月

マリー＝フランス・イルゴイエンヌ

目次

凡例

・原著者による注は、章ごとに注番号をふり、巻末にまとめた。

・訳者による注は、ページごとに＊記号により、ページの左端に示した。

はしがき

日々暴力に直面している人々の多くは、暴力は本質的に人間の本性に由来するものだと考えている。しかし、そうではない。暴力は宿命ではなく、暴力の風土を廃絶することができるのである。私の祖国でも、世界中のどの国でも、暴力は制圧できることを証明している貴重な事例がある。政府、社会と個人がこの風潮を変えることができるのである。

ネルソン・マンデラ、世界における健康と暴力に関する報告書の序文より
二〇〇二年、世界保健機関、ジュネーヴ

一九九〇年代以降、労働におけるモラル・ハラスメントは、労働者や経営者にとっても、政治家にとっても、重要な関心の的となってきた。フランスやベルギーでモラル・ハラスメントと呼ばれているものは、ケベックでは心理的ハラスメントと呼ばれ、他の国ではいじめ（モッビングやブリイング）と呼ばれているが、この現象の実態とその悲惨な結果に異議を唱える人はいない。労働におけるモラル・ハラスメントは、現代においては、すべての先進工業国が直面している課題となっている。

このような種類のいじめ問題に関する最初の研究は、一九八〇年代にさかのぼる[1]。その研究は北欧諸国において実施されたものであった。この研究はもっぱら定量分析的なものであり、労働におけるさま

ざまな種類の出来事と個人に対するその影響との関係を明らかにすることに関心を寄せていた。その後、世界各国で研究が発展し、定義と行動過程を明らかにしてきた。現在では、分析はいっそう詳細になり、プロセスを対象とするだけでなく、その原因を考察し、予防策を提案するにいたっている。一致して指摘されていることは、モラル・ハラスメントは、個人にとっての健康の面だけではなく、企業の生産性の面においても、きわめて重大な影響を与えるということである。

このような状況に直面して、立法化している国もあれば、既存の法律制度で十分であるとして立法化することに消極的な国もあるが、多くの国においては、いまや、モラル・ハラスメントの重大な事件は、処罰されたり、労働災害として認定されることになっている。しかし、このような制裁だけでは、労働現場における精神的な苦痛の増大を食い止めるには十分だとは思われないのである。このような現象を封じ込めるためには、正真正銘の予防政策を実施することが必要不可欠である。

フランスでは、モラル・ハラスメントの概念は、一九九八年に登場したが、マスコミでめざましい評判をうみ、一年半後には立法制定*へとつながった。新しい現象ではないものの、このモラル・ハラスメントという科学的な概念の普及は、労働者が労働現場で体験したある種の弊害に対する見方を変えさせることになり、立法化は、企業に対して、徐々に経営手法を再検討することを余儀なくさせるようになった。実際、モラル・ハラスメントの概念は、当初、労働における特別な暴力を対象としていたが、その後、無視できない労働における苦痛や悪弊といった他の問題にも対象を広げることになった。これらのさまざまな問題は、今日では、「社会心理的リスク」の用語のもとで整理されている。社会心理的リスクは、よく、モラル・ハラスメントと混同されることもあるが、後述のように同一ではない。また、モラル・ハラスメントの有効な定義と予防策のためには、誤った主張を避けつつ、モラル・ハラスメントを構成するものは何であり、他の労働における苦痛と異なるものは何であるかをよく理解する必要がある。法律は、モラル・ハラスメントだけを特別に処罰しているので、社会心理的リスクの概念が、科学的にも法律的にも明確に定義されることが重要である。さらに、モラル・ハラスメントの用語が、ときに過剰に用いられたことがあり、その後、燃え尽き症候群という用語がマスコミで頻繁に登場したということもあるが、このような流行語は、あまり気づかれていない日常の苦痛の表現ではないのかどうか注意する必要がある。

後の章で詳しく述べるが、モラル・ハラスメントは、複雑なプロセスをなすもので、その原因は、一つの事由に帰せられるものではなく、相互に絡み、増幅しあう、精神的な、社会的なそして経営的なさまざまな要因に結びついている。モラル・ハラスメントの原因は労働組織の構造に求められるとしても、その影響は、現代社会と個人における精神のあり方の変容によって、いっそう大きくなってきている。

＊後述（一二九頁）の二〇〇二年一月十七日法制定のための閣議決定が、二〇〇〇年五月二十四日に行なわれた。

第一章　モラル・ハラスメント概念の登場

ドイツ人の社会心理学者で、ストックホルム大学の研究者であったハインツ・レイマン*が、最初に、モラル・ハラスメント問題に興味を示した。レイマンは、一九九三年に、この現象を解説したいじめについての入門的書物『モッビング——労働における迫害』(1)を著している。その後、このモッビングの概念は、他のスカンディナヴィア諸国、ついで、ドイツ語圏の諸国において、労働ストレスの研究者の間に広がっていった。他の国では、当時は、少数の専門家の間に知られているだけだった。むしろ、同じ実態を示すためには、**ブリイング**や**ハラスメント**、さらには、**モラル・ハラスメント**といった用語が用いられていた。国や研究者によって、どのような用語が選択されたかを知るのは興味深いことである。それは、アプローチの多様性を示していることでもある。

モッビングという言葉は、一人あるいは複数の加害者が襲うという意味の英語のモッブ（*mob*）から由来している。生物学者で動物学者のコンラート・ローレンツ**は、小動物が、より大きな危険な動物から逃れるために、群れをなして集まることを説明するために、この言葉を用いた。名詞のモッブは、群れを意味するが、これは、集団の現象であることを示している。しかし、大文字のモッブ（*Mob*）は、マフィアを意味しており、正常でない手段の行使を物語っている。

ブリイングという言葉は、「いじめる」や「脅す」を意味する英語のブリ（*bully*）から由来している。この言葉は、子どもが学校で他の子どもに加える侮辱や嫌がらせを説明するために使われてきており、今も使われている。この言葉は、軍隊やスポーツ界における嫌がらせにも徐々に広がってきた。

レイマンは、イギリス人やオーストラリア人が用いるブリイングよりも、モッビングという用語を選んだと述べている。レイマンによれば、ブリイングは、肉体的暴力や脅迫をも含むのに対して、モッビングは、排斥のような、より陰険な行動によって特徴づけられるからである。

ハラスメントという用語については、アメリカ人の精神科医キャロル・ブロッキィ[***]が、著書『ハラスメントされる労働者』において、一九七六年にすでに用いていたが、ブロッキィは、ハラスメントの五大類型として、セクシャル・ハラスメント、身代わり（スケープゴート）、不快なあだ名呼ばわり、肉

* Heinz Leymann、一九三二–九九年、ドイツ生まれのスウェーデン市民。

** Konrad Zacharias Lorenz、一九〇三–八九年、オーストリアの動物行動学者で、刷り込みの研究者。

*** Carroll Brodsky、一九二二–二〇一四年、著書『ハラスメントされる労働者（*The Harassed Worker*）』。

体的暴力と労働での重圧を挙げていた。

しかし、概念は発展をとげて、現在、アングロ・サクソン諸国では、一つの合意ができつつある。このことは、この問題での三十二か国の研究者を結集している研究学会（**職場のいじめとハラスメント国際協会**）[*]の存在によっても確認されるであろうが、英語では、陰険で悪辣な攻撃を指すのに、ハラスメントあるいはブリイングの用語が用いられ、モッビングの用語は、より集団的な意味合いを持つにいたっている。

いずれにせよ、実際には、モッビングの用語は、ドイツやイタリアでひろく一般的に用いられ、ブリイングという表現は、イギリス、アメリカと、今では北欧でよく用いられてはいるが、少なくない研究者の間では、ハラスメント、モッビング、ブリイングという用語は、互換的なものと考えられている。フランスの研究者は、被害者に生じる精神的な苦痛を強調する「モラル・ハラスメント」という用語を選んできた。ラテン・アメリカや日本の研究者や専門家もこれにならい、モラル・ハラスメントの訳語を用いるようになっている。

フランスにおいて、この現象を提唱した最初の研究は、一九九八年九月の私の著書『モラル・ハラスメント――日常の陰険な暴力』[(2)]の出版であった。それまで、私は精神科医として、この現実に接してきた。ハインツ・レイマンの業績を知らないまま、何年もの間、患者が私に職場で経験したことを語る内容を観察してきた。患者たちは、同僚や上司から受ける暴力をしばしば訴えてきた。この著書は、特別立法の制定を要求していた団体から大きな反響がすぐに寄せられた。この問題については、後述することにしよう。

この著書が好評だったのは、おそらく、立ち位置を意味する「モラル」という語を選んだからである。私見では、この現象は、その攻撃の倫理的あるいは精神的な意味合いを斟酌しなければ、理解することはできないのである。というのは、モラル・ハラスメントの被害者の脳裏から離れないのは、不当に扱われ、無視され、侮辱されたという感情だからである。また、この著書が出版された時期に、労働の新たな組織形態が職場での心理的な苦痛を生み出していたことも指摘しておく必要がある。これらの問題は、伝統的に集団闘争に集中してきた労働組合によっては、取り組まれていなかったのであった。

---

* International Association on Workplace Bullying and Harassment（http://www.iawbh.org/）

第二章　定義と構成要素

Ⅰ　定義

ある人が、モラル・ハラスメントの被害者であることを訴えようとするとき、住んでいる国で法律的に認められている科学的な定義に、必ずしも合致するとは言えない知覚に基づいていることがある。すべての人によって受け入れられる詳しい定義が重要となるのである。それは、ハラスメントの構成要素を確認し、その予防を実効的にすることを可能にし、また、間違った主張を避けるためでもある。しかし、このような定義を設けることはそれほど簡単なことではなく、この問題についての世界の研究者が、当初から、さまざまな視点でこの現象を分析してきた。

ブロツキィ[1]は、ハラスメントを「他人に苦痛を与え、疲弊させ、欲求不満にさせる、あるいはそのような状態を煽り、危惧させ、脅し、困惑させることを目的とする、繰り返される行動」と定義した。

ハインツ・レイマンによれば、「モッビングとは、他人に対する、一人あるいは複数の人による言動によって表わされる、長い期間にわたる敵対的な意図と行動の連鎖[2]」である。

国際労働機関（ＩＬＯ）は、一九九八年に、ハラスメントを以下のように定義した。「不快な行動を伴いながら、個人や集団に対する恨みのこもった、残忍な、悪意に満ちたあるいは侮蔑的な手段を用いて、他人の価値を貶めようとする。モラル・ハラスメントは、複数の人が、次のような形態の心理的なハラスメントによって、同僚を迫害しようと示しあわせたときに生じる――その人に対して、つねに否定的な評価をする、絶えず批判する、接触を断って孤立させる、その人についての虚偽の情報を流布したり、中傷したりすること[3]」。

私の見解については、標的とされた人に対するこれらの行動の結果を考慮する定義を考えている。したがって、労働におけるモラル・ハラスメントとは、あらゆる不適切な行為（身振り、発言、行動、態度など）が、繰り返しあるいは職場ぐるみで行なわれ、労働者の精神的あるいは肉体的尊厳や健全性を損ない、その雇用を危機にさらしたり職場環境を劣悪化させたりすることをいう。

ご覧のとおり、この定義は、一人あるいは集団による悪意のある行動や、標的にされた人の健康や尊厳に対する影響を重視している。このことによって、この定義は、一つの可変的な指標を導入している。同一の行動でも、標的とされた人によっては、異なる影響を及ぼしうるからである。

フランスでは、立法規定が[*]、モラル・ハラスメントを処罰できるように、その定義を定めることに

＊後述（一二九頁）の二〇〇二年の社会的近代化法によるモラル・ハラスメント規定で、現行法は、労働→

なった。そこから、モラル・ハラスメントは、「労働者の権利や尊厳を侵害し、その肉体的あるいは精神的健康を害し、もしくはその職業生活に影響を及ぼす恐れのある労働条件の劣悪化を目的とする、あるいはそのような効果を有する行為の総体」となっている。立法者は、行為と表現しなかった。それは、あまりにも制限的になりかねなかったためで、認定の最終的な権限は、事実認定を行なう裁判官に委ねられた。ハラスメントの原因や性格よりも、結果を重視するものになっている。[4]

この定義には、三つの要件が含まれている。

- その行為は繰り返されなければならない。
- 当事者間の関係について、ハラスメント実行者が、支配を強めるために、不平等な関係を作り出したり、既存の関係（職階上の関係あるいは支配関係）を強めたりしている。
- その行為が意図的であることは必要ではない。

さらに、行為の標的となった人から「望まれていない」必要があるとか、その人に重大な結果を及ぼした必要があると指摘する論者もいる。しかし、フランスの裁判例は、これらの要因をそれほど重視していないであろう。

次に、労働におけるモラル・ハラスメントを構成する種々の要素について、詳しく検討する。

Ⅱ　構成要素

1　敵対的な行動

ハインツ・レイマンは、統計的に研究する目的から、四十五の敵対的な行動を列挙し、五つの類型に分類していた。

- 被害者が発言することを妨害する。
- 被害者を孤立化させる。
- 同僚の中で、その人の評判を悪くさせる。
- 仕事の上で、被害者の信頼をなくさせる。
- その人の健康を害させる。

私は、望ましからぬ行動を、四つのタイプに分類したい。

(A) 孤立化とコミュニケーションの拒絶――このハラスメントを実行するためには、標的となる人を、同僚に保護を求めることができないように孤立させる必要がある。その後、その行動は、所属する集団

→法典第L一一五二―一条以下となっている。

から排除されるまで孤立させようとする。

・孤立化は、上司によっても実行されることがある。この場合に、最もよくある例は、具体的であれ抽象的であれ中傷するという形をとる。その上で、その人から仕事を奪ったり、有意義な仕事のないまま隔離部屋に閉じ込めたり、会議に呼ばなかったり、あるいは同僚にその人と口をきくことを禁止するのである。

・孤立化は、同僚の仕業でもありうる。その人を仲間はずれにしたり、無視したり、一緒に昼食をとることを拒否したり、親睦会に招かないことである。

とにかく、このようなコミュニケーションの拒絶の原因が何であれ、標的となった人に話しかけなかったり、目を向けようとしなかったり、業務連絡書類を通じてしか意見を交わそうとしないのである。標的とされた人は、もう職場に存在しないとか、透明な存在になったという感情を抱いたと述べている。そこで、文字通り消え失せたくなることがありうるのだ。この「沈黙の企て」は、追放や排除をもたらし、社会的な死滅を意味する。というのは、人は、生きていくためには、認められたり、集団に所属したいからである。モラル・ハラスメントが孤独の病理と言われるのはそのためである。

(B) 労働条件の妨害――モラル・ハラスメントの構成要素において、稚拙になされた労働を批判することだけではまったく該当せず、人を低く評価したり計略にかけるために労働を口実に利用することが

問題となる。

このハラスメントは、同僚から生じる場合には、すでに遂行された仕事の放置とか、会議を通知しない行為という形で現われる。ハラスメントが上司から生じる場合には、たとえば、達成不可能あるいは非現実的な目標を命令すること、同僚から隔離し、なすべき労働を与えないこと、無益な労働を命令すること、あるいはすでに完璧に遂行された仕事をやり直すように要求すること、のような現われ方をする。ときには、その行動は、より巧妙で、仕事を実行するために必要な情報には近づけさせないとか、混乱し矛盾した指示を与えてその人をまごつかせることになる。ハラスメントは、労働者によって成し遂げられた労働の品質を承認しないことや、当たり障りのない事実を不当なやり方で責めるという形をとる場合には、証明が難しいであろう。

このような労働条件の妨害は、電話の通話内容の組織的な盗聴、机の引出し、整理棚やゴミ箱の中の検査、休憩時間や欠勤日の監視、同僚との会話や交友関係の監視としてなされることもある。このような類いの探索は、標的とされた人への不信感を公然と広めることを狙っている。

一般的に言って、対象とされた人が際だって几帳面である場合には、その職業的な良心を攻撃することによって、アイデンティティをも攻撃することになる。そうして、その人の自信を喪失させ、とどのつまりには、自分自身を否定させるようになるのである。

(C) **人格攻撃**——人格攻撃は、馬鹿にした態度、侮辱的な意図、中傷や悪意あるうわさを介して、対象となった人のアイデンティティを侵害することを目的とする。人の価値を否定する、軽蔑的なあだ名で揶揄する、同僚や上司に対して信用をなくさせる、からかう、男尊女卑的な、性差別的な、人種差別的な考え方に固執する、あるいは侮辱するなどである。ハラスメントにおいては、標的になるのは、仕事そのものではなく、信用をなくすために、個人が狙われる。意識的であるかどうかを問わず、ハラスメント実行者は、対象となった人の弱さや価値を見定めて、その後で弱点を対象として具合の悪いところを攻撃するのである。モラル・ハラスメントにおいては、代わる代わる人を攻撃する。その人は、利用できるか、あるいはもう役に立たない対象でしかない。

これらは、尊厳への攻撃であり、標的となった人の精神的健全さに、きわめて重大な影響を及ぼす。被害者は私に、中傷や侮辱は、拭いきれない痕跡を残すと語っている。よくあるのは、被害者はこれらの攻撃を受けて、恥辱や罪悪の感情を持つようになり、自分自身を責め立てるようになる傾向だ。

(D) **脅迫**——標的となった人が服従し、あるいは退職するために、敵意や暴力の意思の表明によって、その人に恐怖を与えることである。これは、報復やゆすりの脅迫によって、ときには、肉体的暴力（押し倒す）、あるいは所有物の損害（たとえば更衣室の衣類を汚す）によってなされることもある。

国際的には、研究者の間で、肉体的暴力をモラル・ハラスメントの中に含めるべきかどうかで議論が行なわれたことがあった。モラル・ハラスメントの中に肉体的暴力を含める度合いは、文化によって異なっているようだった。しかし、すべて一致して認められたことは、モラル・ハラスメントは、なかんずく心理的な次元で行なわれるということである。

大部分の事例において、攻撃はさまざまな形態をまとって行なわれるとしても、モラル・ハラスメントの診断をするために、すべての行動を確認する必要はない。行動の形態がどうであれ、モラル・ハラスメントは労働環境に影響を及ぼし、すべての人の権利である尊厳を侵害するのである。

職場での地位がどうであれ、モラル・ハラスメントのやり方は同じであるが、社会的・文化的な地位が高くなればなるほど、攻撃はこじつけ気味になってくる。行動が巧妙になればなるほど、確認し、処罰することは難しくなる。攻撃が、行為、目視、相互のやりとり、情報の伝達の形を伴っていないときには、どのようにしてそれを証明することができるであろうか。

2 頻度と期間

モラル・ハラスメントは、一つ以上の敵対的な行動をある期間にわたって繰り返すこと、と定義されている。誘発的なものであれ偶発的なものであれ、敵対的な行動の中で、瞬時的な困惑だけでは、モラル・ハラスメントを成り立たせることはない。

例外的に、特に侮辱的なものについては、単一の行動だけでモラル・ハラスメントとみなされることもありうる。たとえば、職員章バッジの磁力が無効化されたり、個人的な所持品が廊下の段ボール箱の中にしまわれたりして、管理職が、たちまちにして職場から排除されるような場合である。実際には、このような場合、細かく状況を分析すると、当事者は否定していたとしても、ずっと以前に起きていた職場での拒絶反応の影響を確認することができる。また、後述の法的な問題を扱う際にふれるが、差別事件やセクシャル・ハラスメントの場合には、フランスの立法は、単一の行動だけで、そのような攻撃の要件を満たすと定めている。

すべての研究者は、ある期間での繰り返しという基準を考慮することで一致しているが、その期間については、ハインツ・レイマンは、**モッビング**の状態を承認するためには、敵対的な行動が、少なくとも六か月の間に週に少なくとも一度繰り返されることが必要だとしていた。現在では、専門家は、モラル・ハラスメントの内容は、より短い期間に実行され、その行動の強さの度合いや重大性をも考慮する傾向にある。六か月以上にわたって継続するハラスメントは、特に重大なものであると、すべての研究者は考えている。

モラル・ハラスメントの事実経過を記録することは、いつも微妙な問題である。ハラスメントが、口頭によるものでもそれ以外のものでも、一人あるいは集団から、他の人に対してちょっとした攻撃が繰り返されるという、狡猾な暴力から成り立っている場合には、行動の一つ一つを別個に分析すると、その個々の行動はたいして有害ではないように思われることがあるので、この種の行動を記録することは難しい。また、いつ、ハラスメントが始まったのかを明確にすることも困難である。たとえば、モラル・ハラスメントが、悪意に満ちたうわさを流すことから成り立っている場合、その行為を時間的にどのように特定するのだろうか。

3　関係性

モラル・ハラスメントのもう一つの重要な特徴は、それが、当事者間の不平等な力関係によって発生するということである。双方の当事者のうちの一方が、客観的に他方よりもずっと多くの権限を保有している場合に、紛争ではなく、攻撃というハラスメントになる。紛争では、問題を起こした人は名指しされ、批判されるからである。攻撃では、標的となった人は、攻撃者を支配者として、さらには全能者としてさえ受け入れる。被害者は、攻撃者の意のままになり、弁護する手段を持たないのである。

このような支配関係は、ハラスメント実行者が職階上の上位者であるために、上下関係を濫用するという事実から生じてくる。実際、そのような濫用が、職階上の権限と上下関係から生じる圧力とを区別することを難しくしている。上下関係において、不均衡が存在するとしても、それは契約によって明確にされ、労働を遂行するためだけのものでなければならない。しかし、ハラスメント実行者の権限は、標的となった人が必要としている情報や能力（決済書類、情報処理技術の知識など）に関連しているだけかもしれない。そこで、成りゆきとも言えるが、標的となった人の弱さから、不均衡が生じてきて、ハラスメント実行者は、高い立場に立つために、意識的かどうかは別にして、それを利用する。また、この関係性は、ハラスメント実行者によって作られた支配力の結果でもありうる。このような精神的な影響力は、標的となった人が自覚しないままに誘惑や意図的なやり口によってもたらされ、犠牲者は、最初は、このような状態に同意することもある。

ハインツ・レイマンによれば、モッビングは、つねに、適切に解決されなかった仕事上の紛争の結果であると主張しているが、反対に、私は、モラル・ハラスメントが存在するのは、まさしく紛争状態にいたらなかったからだと考えている。攻撃者は、対話や説明をすべて拒否して、困難な状況を生み出し、その標的を無力化させる。そこでは、何も語られない。というのも、その目的は、労働を改善することではなく、ある人を厄介払いすることだからである。

紛争については、後にふれることにする（四〇頁参照）。

4　悪意ある意図の存在

研究者は、これまで、モラル・ハラスメントの成立のためには、他人を害する意図が必要かどうかについて、大いに議論してきた。モラル・ハラスメントを対象にするには、悪意ある意図の存在が本質的な要件であると考えている人もいる。

置かれている立場によって、主張は変わってくる。医師や心理学者のように、被害者の立場に立っているならば、心的外傷（トラウマ）を与えるような故意の問題であれば、その責任を加重させることに議論の余地はない。傷つけることは、悪意そのものである。フランスの精神科医であるフランソワーズ・シロニ*は、長い間、虐待を受けた被害者のために活動してきたが、意図的な心的外傷行為は、専門的には、まぎれもなくアイデンティティの改変であると考えている。それは、社会的居場所の喪失や社会的変動といった、社会的・政治的経験と特に関連づける精神病理学から引き出される結論である。被害者にとっては、「他人の意図を理解することに当惑したり、認識のための手がかりがないことにより、苦痛のまっただ中に置かれることになる」(5)。

標的となった人にとって重要なことは、これらの攻撃と、過ちや事故とを区別することである。攻撃のあとに弁解がなされると、モラル・ハラスメントとみなされることはめったにない。アリストテレスによれば(6)、人は、自分の行なう悪事にいつも気づくわけではないとしても、逆に、他人はその人の行なった悪事をはっきりといつも見ている。だから、人は、他人に加えた苦痛を認めることができるし、それを後悔することもできるし、反省することもできるし、ときには償いをすることができる。被害者

＊ Françoise Sironi、一九五八年―。パリの虐待被害者救援センター（プリモ・レヴィ）の設立者。「アイデンティティの改変」は、民族精神医学で用いられる概念で、政治的難民や少年兵への精神的な拷問などの意図的な加害行為によって生じるとされる（http://www.ethnopsychiatrie.net/sironiusagers.htm）。

がよく事実の承認や謝罪しか要求しないのは、本質的な事実なのである。

しかし、ときには、意図は間違って受け止められることがある。悪意ある意図の推定という現象を考慮する必要がある。これは、曖昧な相互の人間関係においては、人が、他人は自分に敵意を持っていると、間違って解釈するにいたる現象である。後に、仕事について、労働組織に反映している、この曖昧な相互の人間関係の問題に立ち戻ることにする（九七頁参照）。

ハラスメント実行者については、自分の行動の重大性を完全に認識していることはめったにない。私の著書（『労働における病理』[7]）において、私は、「無意識の意図性」について述べた。モラル・ハラスメントは、悪意と結びつくよりも、他人への無関心、感情移入や敬意の欠如の結果がしばしばである。しかし、「私はそんなことはわざとしなかった」とか「それは私の責任ではない」とか言うことができるとして、事実の重大性を軽減するであろうか。何人かの管理職がモラル・ハラスメントを批判されているとき、自分たちは上司の指示に従わせただけだと主張できるだろうか。ある労働者が、自分の行動を正当化するために、上司の指示を口実に逃げ込むことができるであろうか。ハラスメント行為者が自分の行為について有する意識はどのような水準にあるのだろうか。第六章において、人が他人をハラスメントするように駆り立てられていく無意識的な理由について述べてみたい。では、実行行為者だった人の意図はどうであれ、行為の結果だけを評価する必要があるのだろうか。あるいは事情をすべて了知して行動することは、その行動の重大性を加重すると考えるべきなのだろうか。

フランスでは、立法を有する他の国と同じように、立法の規定は、「（ハラスメントの）目的あるいは効果を有する行動」と定めて、モラル・ハラスメントを構成する基準として、他人に害を与える意図を必要としなかった。このような表現によって、立法は、他人に害を与える意図を有した実行者だけでなく、たとえば実行者が、仕事の目標や数値によって意識が朦朧となっていたという理由から、意図的ではなくあるいは無意識的に他人を害することになった場合も対象とした。

しかし、二〇〇八年まで、多くの裁判官は、意図が重要な要素であると考える傾向にあった。そのため、二〇〇九年五月十三日の判決*によって、破棄院（最高裁判所）が、モラル・ハラスメントは実行者の意図とは無関係に成立することができると判示する必要があった。二〇〇九年十一月十日の別の判決**によって、破棄院は、そのような解釈を再確認し、「無意識の」モラル・ハラスメントを承認した。有害な行動が、コミュニケーションをできず、適切に指導されてこなかった人の人間関係の不始末の結果であったり、これが、経営者の人間関係を破壊するようなやり方の結果であるような場合には、重要なことは事実の結果であり、人に対するその影響である。

刑法の一般原則には、犯罪を犯す意思がなければ、犯罪も違反行為も存在しないというものがある。

---

* Cass.soc., 13 mai 2009, N° 08-40.610.

** Cass.soc., 10 novembre 2009, N° 08-41.497.

しかし、労働法においては、知っていながら（故意に）* 他人を危険にさらす場合には、違反行為が存在する。安全配慮義務の意識的な違反があれば、「故意」という意図の責任は、加重されることになる。こうして、立法においては、意図的ではないとしても、他人を危険にさらすという責任が創設されたのであった。

社会保障法** においては、故意性の問題は問われることはなく、使用者は、「労働者が直面させられた危険を当然認識すべきであったとき、それを防止するために必要な措置を講じなかった場合には」、弁解できない責任を負うことになる。このような定義は、「安全の結果債務」に根拠を置いている。この原則は、つねに使用者に課されるものとなっており、後でふれることにする。このような場合、労働者に補償手当を支給する社会保障金庫は、使用者に求償することができる。

---

* 「未必の故意」や「認識ある過失」が広義の故意と解釈される。

** 社会保障法典第四篇（労働災害と職業病）第L四五二－一条以下が、「使用者の弁解できない過失」を定める。

第三章　労働におけるモラル・ハラスメントと社会心理的リスク

モラル・ハラスメントと断定するのが難しいのは、職場における他の精神的な苦痛の要因と、特にそれが意図的と受けとめられると、混同されやすいからである。現在では、さまざまな要因が、社会心理的リスク*の用語によって分類されている。この用語は、「ストレス」という言葉だけでは対象を絞れなくなっている、さまざまな労働における苦痛を評価するために用いられてきた。この用語は、実は、職場での自殺をメディアが報道した結果、二〇〇五年頃に、フランスで広まっていった。その定義は、曖昧なところもある。フランス労働省の専門家によれば、社会心理的リスクとは「精神作用に影響を及ぼし

---

*「社会心理的リスク（RPS, Risques psychosociaux）」の概念は、近年、フランスを中心として、ヨーロッパ諸国で注目されてきている。労働強度・感情要素・自主性・労働の社会的関係・価値対立・労働の不安定性の六要素として定義されている。「労働における社会心理的リスク防止の制度的アプローチ」の視点から、長時間労働規制などの労働契約に約定されている労働条件の規制、労働契約の履行に伴う→

やすい雇用条件や組織的要因によって引き起こされる精神的、肉体的および社会的な健全さに対するリスク」である。「リスク」とは、危険に巻き込まれることによって損害が生じることの可能性である。さらに、健康が病気でないこととすれば、リスクとは、病気の発生の可能性の増大に備えることである。したがって、モラル・ハラスメントとは、ストレス、紛争、外部的および内部的暴力、そして労働における不満足感といった、きわめて曖昧な概念をも包含する社会心理的リスクの中の一つに他ならない。しかし、モラル・ハラスメントとは異なって、社会心理的リスクの概念は、科学的にも法的にも定義されていない。そのため、モラル・ハラスメントと同じようなこの問題を象徴する役割を演じていない。このようなことから、しばしば、お互いの概念の定義が混同されてきた。

実のところ、職場におけるストレスについては、以前から話題になっていたが、労働における精神的苦痛という問題は、モラル・ハラスメントに関する立法が制定された時期以降に、労働者、医療専門家、経営者にとって、実際の関心の的となったのであった。この法律が制定されて、初めて、労働法においてメンタルヘルスが課題となったのであった。具体的にいえば、今日でも、労働における苦痛の中で、モラル・ハラスメントだけが法律上の処罰を受けることがある。他の苦痛については、固有の法的な定義を有しておらず、法的に承認されることは例外的である。そのため、モラル・ハラスメントについての訴えは、労働者にとっては、企業内で、自分のことを理解させ、被害を与えている労働の状態を曝露する手段となりうることは明らかである。

モラル・ハラスメントと社会心理的リスクの境界は、必ずしも明確にはなっていない。社会心理的リスクの用語で分類されているさまざまなリスクの意味を明確にし、それぞれの特殊性を適切に理解することが有益である。

I　職業的ストレスからバーンアウトまで

ストレスとは、以前の状態の均衡を維持するために、体の器官が順応する反作用である。生物的な見地からは、器官に向けられたあらゆる要求への応答である。労働においては、ストレスは、仕事での強制と結びついている。

社会心理的リスクの中では、ストレスは、労働の現場においては、増大し頻発してきているため、最

→労働者の健康安全制度、労働条件決定システムおよび従業員代表制度のあり方を総合的に分析するとともに、その重要な課題として、職場のハラスメントを規制するための制度的な仕組みを重視する（Marianne Richard-Molard, La Directive-cadre 89/391/CE du 12 juin 1989 : application aux risques psychosociaux, Loïc Lerouge（sous la direction）, Les risques psychosociaux en Europe, L'Harmattan, 2013, p. 18.）。

もよく研究されているものである。最近のヨーロッパ労働条件実態調査*（二〇〇〇年）によれば、ヨーロッパの労働者の二八パーセントがストレスを受けている。ストレスを感じ始めると、社会的な生活上の、さらには経済的な費用が発生し、それは少しずつ増えていく。国際労働機関によれば、国民総生産の三から四パーセントと算定されている。ヨーロッパの次元では、年に二〇〇億ユーロに達する。

フランスでは、二〇〇八年七月二日に署名され、二〇〇九年四月二十三日に職際的全国労働協約として拡張適用された、ストレスに関する労働協約**は、ストレスを以下のように定義している。「人が環境によって強制されているという認識と、その人がそのような状態に対応するために自分自身で対処する能力を有しているという認識との間に不均衡が存在する時に、ストレスが発生する」。

ストレスにさらされているかどうか判定するために、カラセックの質問票***は、労働における心理的な要求、決定権限の範囲と労使の信頼関係の水準を明らかにする。また、ジーグリストの調査票****は、労働における過剰な要求のような、同意された努力と手にした報酬の間の不均衡を測定する。

これらの研究によれば、現代の企業経営において、ストレスを与えているものは、労働の量よりも、存在の承認の否定、職業的生活と個人の私生活を調和することの難しさ、雇用の不安定さなどの質的なストレスである。二〇〇九年には、ゴラック報告書*****は、四つの類型のリスクを指摘した[1]。

- 労働の負荷
- 上司、同僚や顧客との仕事の関係

・価値観の対立
・組織の再編と変化（健康への影響が考慮に入れられていない場合）
次の記事で述べる例のように、モラル・ハラスメントとストレスは、別個のものであった。

＊ＥＵ（欧州連合）の一組織である「欧州生活・労働条件改善機構」は、五年ごとに「ヨーロッパ労働条件実態調査」を実施し、労働者の労働実態の調査と研究を行なっている。第一回調査（一九九〇年）では、当時の加盟国十二か国の労働者が対象であった。最新の第六回調査（二〇一五年）では、加盟国二十八か国とスイス・ノルウェー・トルコなど未加盟国七か国合わせて三十五か国の労働者を対象に実施している。二〇一六年十一月に調査報告書が公表された（四七頁訳注参照）。
＊＊ BOCC, n° 20090002 du 7 février 2009 et n° 20090020 du 13 juin 2009.
＊＊＊ カラセック（Robert Karasek、マサチューセッツ大学名誉教授）は、仕事のストレスについて、仕事の要求度―コントロール（仕事の裁量度）モデルを確立し、標準化された職業性ストレスの測定法として、質問票（JCQ、Job Content Questionnaire）を開発した。
＊＊＊＊ドイツの社会学者ジーグリスト（Johannes Siegrist、一九四三年―）は、努力―報酬不均衡モデルに基づく職業性ストレス調査票を提唱した。
＊＊＊＊＊ Michel Gollac（国立統計経済研究所局長）を議長とする専門家会議により、労働大臣に提出された報告書。

Xさん（女性）の事例（第一幕）

商業学校卒業後、Xさんは、大企業の人事管理業務を担った。非常に責任感のある生真面目な女性だった。既婚で、三人の子どもがあり、かなり離れた郊外に住んでいたので、毎日三時間かけて通勤していた。

当初は、彼女は、経営会議においての唯一の女性で、最も若く、一番の高学歴であったが、自分の意見を伝えることが上手でなかった。情報システムを外部委託することが決定され、法定の合理化計画を立てずに情報技術者を解雇することを迫られたが、このような会社のやり方に、彼女は同意していたわけでなかった。しかし、最終的にはいつもそれを受け入れた。彼女には、他に選びようがなかった。夫が起業したばかりでまだ収入を確保できておらず、彼女も職を失うことはできなかったからだ。

会社では、最初の合併後、他の企業との提携が公表されており、業務の多忙化をもたらしていた。Xさんは、限界を超え、「すべての仕事に応えようとすれば、うまく処理できずに、いい加減に片づけてしまうわ」と叫んだ。

Xさんは、いくつもの体の不調に悩んだ。疲れ果て、しばしば頭痛に見舞われ、食欲不振になり、腰痛やめまいに悩んでいた。自宅では、頻繁に子どもにいら立っていると言っていた。

主治医は、「抗生物質」を処方した。

不確実な将来を見越して、Xさんは、自分の費用で、産業心理カウンセラーになるために大学に登録した。彼女は、このことが、同僚への接し方を見つけてくれると考えていたが、自分を適切に守ってくれるかどうかは分からなかった。

彼女は、日常の仕事に加えて、社会心理的リスク予防計画を実施し、改革を実行するように要求されたとき、追加の仕事にもかかわらず、大喜びであった。というのは、彼女は、意義のある仕事をしたかったからである。


Xさんは、たしかに、満足しているわけではない条件でよく働いた。彼女は、仕事に加えて、長時間の通勤時間を要し、夕方には子どもの面倒をみた。彼女は、疲労困憊したが、誰も彼女に意地悪をしていなかったから、モラル・ハラスメントはまったく問題になっていなかった。Xさんが経験した苦痛は、個人的な問題ではなかった。でも、せいぜい、過重な労働が彼女の健康に影響を与えたと言うことができるだけである。

仕事のストレスを常時受けるようになると、アングロ・サクソン諸国では、バーンアウトあるいは**燃え尽き症候群**と呼ばれる仕事上の極度の疲労に達し、あるいは仕事上の過労による死亡を表現する日本語に由来する過労死（*karôshi*）にまで行き着くことがある。

バーンアウトは、ストレスの終局的な危機的な段階である。それは、長期間にわたる情緒的な要求過剰な仕事の状態に組み込まれることによって、肉体的なかつ精神的な疲労困憊から引き起こされる。

この症状は、精神心理学者ハーバート・フロイデンバーガー*によって、医療従事者に関して、初めて定義され、その後、社会心理学者クリスティーナ・マスラック**によって、「**マスラック・バーンアウト・インベントリー**」という重症度判定基準が考案された。

クリスティーナ・マスラックによれば、バーンアウトは、三過程を経る。

- 過労過程——肉体的な過労、同時に精神的な過労の蓄積
- 自我感喪失過程——孤立し、ときには皮相的な態度をとる。同僚との距離を保ち、職場に溶け込められなくなる。
- 無力化過程——あらゆる新しい計画は実現できないと思う。

そこで、労働はもう価値を持たず、動機づけも与えず、そして、働き続けるために、自分を保護する皮相な殻に閉じこもる。こうして、他人との関係における病理が作り出され、モラル・ハラスメントの状態へと移行していく恐れがある。モラル・ハラスメントの実行を促す状況を説明する際に、ふれることにする。

Ⅱ　内部暴力と外部暴力

国際労働機関は、労働における暴力について以下のように定義している。「労働の場において、労働に関連して、人が攻撃され、脅迫され、心を傷つけられ、負傷させられている手段となっている、理性的な態度からはほど遠いあらゆる行動、出来事あるいは行為」。国立労働安全研究所調査によれば、どのヨーロッパ諸国も、労働における暴力の増大に直面しているようだ。

二〇〇〇年の国際労働機関の報告書[2]は、欧州連合内で就業していて、職場における暴力の被害を受けたと述べている労働者は、一五〇〇万人にのぼると算定している。そこでは、五種類の暴力が指摘されている。

- セクシャル・ハラスメント（暴力のうち三三パーセント）
- 言葉による攻撃（二九パーセント）
- モラル・ハラスメントおよび嫌がらせ（一四パーセント）

＊ Herbert J. Freudenberger、一九二六－九九年、ドイツ生まれのアメリカ人。

＊＊ Christina Maslach、カリフォルニア大学教授。

・肉体的攻撃（一四パーセント）
・脅迫（一〇パーセント）

企業の外部の人（顧客や利用者）によって振るわれる企業外部暴力と、モラル・ハラスメント、セクシャル・ハラスメントおよび野蛮な行為からなる内部暴力とは区別される。ハラスメントは、強度な社会的ストレスを生み出す一種の暴力である。

現代は、暴力に対する関心の増大、暴力を咎める合意が存在しているが、それでも、暴力は消滅しない。暴力は、より巧妙に行なわれている。暴力の原因は、日常的に、三つの方向から起きている。それは、逸脱した考え方に染まって、道徳的規範や法的ルール、あるいは模範的な労使関係モデルの役割による抑止力が弱体化したり、機能不全に陥ったりすることから生じるのであった。さらには、暴力を、緊張、欲求不満や不幸な感情の結果とみなすことができる。したがって、これらのさまざまな方向性を考慮することが重要である。

Ⅲ　紛争

モラル・ハラスメントに関する大部分の研究者は、レイマンにならって、モラル・ハラスメントは紛争や軋轢が形を変えて現われた結果だと考えていた。私は、モラル・ハラスメントは、どのような紛争も生じていないところで起きうると考えている。それは、たとえば、言葉や会話が激しく批判されているだけで、労働組織についての討論や集団的な議論も存在していないような場合には、紛争は生じていないからである。紛争は、個人や集団の成長にとって固有のものであって、発展の重要な要因をなしている。紛争は、関係性を作り出し、他者の立場を考慮し、相手を対話者として承認することを強いるようになる。

紛争が存在したと言うためには、力関係や立場で比肩する二人の対立者の間に争いがあり、特定のシステムすなわち対立の場において、仕事上の近接性が存在する必要がある。さらに、明らかな対称性が必要であるが、これは一般に、暴力には、特にモラル・ハラスメントにおいては、存在しないものである。モラル・ハラスメントにおいては、問題を起こしそうな人は名前を呼ばれず、同意できないと意見しようとする人には耳が傾けられない。

多くの企業は、紛争を暴力と同視するという否定的な見方をとっており、紛争を避けるために、より正確には紛争を鎮静化するために、あらゆる手立てを講じる。非協調的な言辞を表明しようとする人は沈黙させられる。このような運営方法は、上手に組み込まれて、人々は自主規制をし、協調的な話をするようになる。しかし、名前を呼ばれないという感情や緊張は、いわば化膿するような状態になって、目に見えない形で凝縮し、恣意的な暴力という形で爆発する。

前述のように、「社会心理的リスク」という用語が対象とする実態は多岐にわたる。それはよく重なりあい（モラル・ハラスメントは暴力である）、ときには増幅しあい（仕事のストレスはモラル・ハラスメントの温床となりうる）、あるいは否定しあう（仕事のストレスそれ自体は、モラル・ハラスメントの結果ではない）。

第四章　病理現象

Ⅰ　データから

私たちは現在、労働者が社会心理的リスクにさらされていることを示す優れた研究を手にしているが、モラル・ハラスメントに関する研究だけはきわめて少ない。指摘しなければならないのは、企業内におけるストレスの実態を、割合客観的な方法で認識することができる、有効と認められている科学的な尺度は存在するが、モラル・ハラスメントを測定する手立てはまだ少ないということである。

この特殊な暴力に関する初期の研究は、すべての人によって賛同される定義を認めあい、評価の尺度を確立する上で困難にぶつかった。この行動を特徴づける基準は、立法が存在する国では、より厳格になるということは明らかである。フランスでは、悪意ある行動の診断質問票とよく一緒に行なわれるストレス検査や医師面談の際に、あるいは苦情が裁判所に直接持ち込まれて問題解決する場合に、その診断が行なわれた。

難しいのは、その情報が集められる方法にある。慎重に解釈しようとしている研究もある。というのは、労働者に対して、不当に扱われたという感情をかつて抱いたことはあるかと質問すれば、その回答は過大な結果として評価されることは明らかである。たとえば、ビジネス誌『ルボンディール』[*]によって二〇〇〇年に実施された調査では、回答した人の三〇パーセントが、モラル・ハラスメントを受けたと述べていた。

ある方法はより信頼できるように、調査対象者に、モラル・ハラスメントとは何であるかという詳しい定義を与えた上で、被害を受けたと考えるかどうかを質問するようになっている。また、調査対象者に敵対的な行動のリストを示し、そのような状態を経験したことがあるかを問い、「はい」の回答の場合には、どのような頻度であるかを問うという調査もある。

後者の種類の調査については、その基本は、四十五の敵対的行動を提案しているレイマンの質問票（**レイマン心理的脅威一覧**[**]）である。被害者であると判断するためには、少なくとも週に一度、そして少なくとも六か月の間、敵対的な行動の被害を受けていたことが必要である。今日では、悪意ある行動の診断質問票の中で、最も頻繁に活用されているのは、**否定的行動質問票**（ＮＡＱ）である。この質問票は、ノルウェーでスタール・アイナルセン[***]によって、一九九七年に開発された。現在は、改訂版が使われている。それは、二十二の質問からなる質問票（ＮＡＱ－Ｒ）で、モラル・ハラスメントを客観化することを目的としている。それは、ハラスメントとなりうる行動が、決まってそして繰り返し現われるという性格に注目している。

この悪意ある行為の診断質問票は、そのような行動の出現を許した職場の状態、被害者が傷ついている可能性や、被害者の人格を考慮していないという批判を受けることがある。そのため、他の手段を考案した研究者もいる。たとえば、リエージュ研究機構の社会心理学部のダニエル・フォーリやソフィー・デルヴォーは、労働における構造的な被害事例の診断ガイドを考案した。

彼らは、以下の順序から評価することを提案している。

- 苦痛の評価
- 暴力的な事実の確定——頻度、期間、特徴、全貌、重大性（他人によって評価される程度）、差別か否か、習性的ではない（すなわち職業活動であってもその行動を正当化しない）
- これらの暴力が生じた次元（状況を分析することを忘れてはならない）——従業員間かどうか、集団性、組織性
- 関係性の種別（不平等な関係、対等的な関係あるいは従業員間の紛争）

どの質問票であれ、回答の客観性について疑問を挟むことができる。というのは、モラル・ハラスメ

---

* http://rebondir.fr/

** LIPT（Leymann Inventory of Psychological Terror）

*** Ståle Einarsen、一九六三年－、ベルゲン大学教授。

ントを特徴づける行動は、受け手側の主観的な意図に訴えかけている。それは、紛争のような、モラル・ハラスメントの状況に含まれない労働における他の種類の苦痛においても見受けられうるものである。

そのため、研究者は、同一企業のすべての労働者が調査対象となる悉皆調査や、モラル・ハラスメントの原因や効果をより詳細に確定することを可能にする経過観察研究を用いることもある。それでも、これらの研究は、就業分野ごとの結果を正確に解釈するために、その範囲を確定することができる人々を対象としている。

しかし、この場合、モラル・ハラスメントを数量的に研究することができるであろうか。シャーロット・レイナーは、ポーツマス大学で労務管理を教えているが、これらの研究をデータとして把握することを提案している。その手法は、科学者が、直接には観察することはできないが、周囲の測定結果や効果を観察するというブラックホールを分析するために利用しているものに類似している。

II　罹患率

1　国際およびヨーロッパの段階

レイマンは、彼の調査票に基づいて、スウェーデンの労働者の三・五パーセントがハラスメントの被害者となっており、自殺者の一五パーセントは、ハラスメントに関連していると明らかにした。

二〇〇〇年の国際労働機関の報告書によると、欧州連合内で就業している一五〇〇万人の労働者のうち、職場の暴力の被害者であると述べているのは、モラル・ハラスメントでは、一四パーセントにのぼっている。この数字は、同様の方法を利用している他の調査結果とも合致している。

欧州生活・労働条件改善機構によって二〇一〇年に公表された第五回ヨーロッパ労働条件実態調査[1]によれば、ヨーロッパの労働者の四・一パーセントは、職場で脅迫行為あるいはモラル・ハラスメントの対象になったと訴えていた。* それは、フランスでは九・五パーセント、ベルギーでは八・六、ハンガリーでは二・二、アルバニアでは一・五、ブルガリアでは〇・六パーセントであった。このような国による不均衡は、おそらくこの現象の認識や表現方法の多様性に基づいている。

「あなたは、この十二か月以内に、脅迫行為あるいは侮辱的行動の対象となりましたか?」という質問に対しては、平均で、五パーセントの人が「はい」と回答している(フランスでは、七・一)。

「あなたは、この十二か月以内に、言葉による暴力の対象になりましたか?」という質問には、一〇・

---

* 第六回調査(二〇一五年)では、調査前一か月以内で、言葉による暴力(一一パーセント)、不快な性的言動(二パーセント)、侮辱的行為(六パーセント)、脅迫(四パーセント)、十二か月以内で、肉体的暴力(二パーセント)、セクシャル・ハラスメント(一パーセント)、ブリイング・ハラスメント(五パーセント)であった。

八パーセントの人が「はい」と回答している（フランスでは、一四・五）。

2 ケベックでは

二〇一一年に、大規模なケベック労働条件・雇用・労働安全衛生調査[2]が実施された。それによれば、ケベック州の五二万八千人の労働者がその労働の中でモラル・ハラスメントにさらされており、セクシャル・ハラスメントとして九万事例、肉体的暴力として六万九千事例が記録されている。

調査前の一年間では、対象となった人々のおおよそ一五パーセントが、その主たる仕事においてモラル・ハラスメントを、約三パーセントがセクシャル・ハラスメントを、約二パーセントが肉体的暴力を受けていた。同じくケベックで、労働組合員を対象に二〇〇二年に実施されたアンジェロ・ソアレス*の研究では、五人に一人が、直近の一年間で、モラル・ハラスメントを受けていた。この調査では、男女の回答者の一一パーセントが、モラル・ハラスメントを受けていると答え、一八パーセントが直近の一年間にモラル・ハラスメントを受けたことがあると答え、六パーセントが同僚の受けていたモラル・ハラスメントを目撃したと述べている[3]。

3 ノルウェーでは

一九九六年に、スタール・アイナルセンとアンダース・スコッスタールダ**によって、七千九八六人の労働者を対象にした大規模な調査が行なわれ、調査前の六か月間にモラル・ハラスメントの被害者となった労働者は、八・四パーセントにのぼると算定している。ハラスメントが続いた平均期間は、十八か月であった。

4 イギリスでは

ヘルゲ・ハウエルとカーリ・クーパー***によって二〇〇〇年に実施された調査によると、[4] イギリスのさまざまな七十の団体の労働者の一〇・六パーセントが、直近の六か月にハラスメントを受けたと述べている。この数字は、直近の五年間に期間をのばすと、二四・七パーセントに上がった。

5 ベルギーでは

人事管理の国際的な専門組織であるスクレックス****の二〇一一年一月の研究によれば、労働者の一四パーセントが、直近の十二か月にモラル・ハラスメントの被害を受けたと明らかにしている。この数字

---

* Angelo Dos Santos Soares、モントリオール大学教授。

** Anders Skogstad、ベルゲン大学教授。

*** Helge Hoel、Cary Lynn Cooper（一九四〇年-）、ともにマンチェスター大学教授。

**** http://www.securex.be/

は、二〇〇五年以降、変化していない。

6　アメリカ合衆国では

二〇〇七年に実施された職場のいじめ研究所調査*によれば、アメリカの労働者の一三パーセントがいじめ（ブリイング）の被害者であり、二四パーセントが過去に被害者であったと述べており、一二パーセントは目撃したと述べている。

7　フランスでは

(A) 職業的リスク被害医学的監視機構調査**が、一九九四年、二〇〇三年および二〇一〇年に実施された。二〇〇九－二〇一〇年調査では、二千四〇〇人の産業医が調査に参加し、民間企業と公立病院の労働者、国家公務員と地方公務員の約二千二〇〇万人のうち四万八千人を対象に質問をした。最初の調査と二〇一〇年の調査の間では、労働における緊張感が増加し、心理面での要求が多少ではあるが増大し、そして反対に決定の自由度は減少している。

この調査によれば、約三〇〇万人の労働者が労働での有害な行動の標的になっていた。労働者は、以下の、大きく三つに分類されている十項目の自答式質問用紙に回答した。

- 品位を貶める攻撃

・仕事の価値の否定
・軽蔑した行動
これらの行動類型は、「労働における敵意ある行動」と呼ぶにふさわしいものを定義している。こうして集められたデータと他のテーマ（特に労働組織）での調査結果とのクロス集計によって、最もハラスメントの対象になった労働者と労働条件の状態を把握することが可能となっている。

同僚や上司が寄せている仕事上の信頼感を示す数値はあまり変化がなく、二〇一〇年には九二・四パーセントの労働者が「一緒に働いている同僚は友好的である」と答え、七七・二パーセントの労働者が「上司は仕事をうまくやれるように援助してくれる」と答えているけれども、調査時に職場で敵意ある行動を被ったあるいはそのように感じたと明言する労働者の割合は増えている（二〇〇三年では一六・三パーセント、二〇一〇年では二一・七パーセント）。このような増加傾向は、特に「軽蔑した行動」で目立ち（五パーセント増）、「仕事の価値の否定」（三パーセント増）や「品位を貶める攻撃」（一パーセント増）という数値になる。

＊ 職場のいじめ研究所（WBI、Workplace Bullying Institute）から委託を受けたに市場調査会社（Zogby International）による調査。
＊＊ SUMER（http://dares.travail-emploi.gouv.fr の Enquêtes 欄S項目参照）、二〇一六－一七年調査が進行中。著者の了解を得て、表と数値の一部を補訂した。

表「労働におけるハラスメント（敵意ある行動）を明らかにした労働者（%）」
（2010年調査）

一人あるいは複数の人が繰り返しあなたに以下のような振る舞いをする

	過去	現在
あなたが精神的に参っていることを聞いたままにしている	1.2	0.9
あなたにわいせつなあるいは下劣なことを言う	2	1.3
あなたにねちっこく性的な関係の誘いをする	0.6	0.1
〈品位を貶める攻撃〉（小計）		2.8
あなたの仕事を不当に批判する	12.2	7.7
あなたに無意味な労働あるいは下劣な労働を押しつける	4.3	2.7
仕事を手抜きし、あなたが正常に働くのを妨害する	3.7	2.3
〈仕事の価値の否定〉（小計）		13.6
あなたを無視し、あたかもあなたがそこにいないかのように振る舞う	7.8	7.1
あなたに不快な思いをさせる	10	6
あなたが自分の意見を言うのを妨害する	5.7	4.5
あなたを公衆の面前であざける	3.9	2
〈軽蔑した行動〉（小計）		16.0
〈敵意ある行動〉（計）	24.8	17.3

*「過去の経験」と「現在の状況」で複数項目選択可。小計は過去と現在を区別しない回答結果。表は自答式調査結果で、本文の面接調査結果の数値と異なるところもある。

(B) ローヌ＝アルプ・中部労働研究機構調査(5)は、二〇〇六年から二〇〇八年の間に六千人の労働者を対象に、一二〇名の産業医の参加によりフランスの三つの地方圏で実施された。この調査の目的は、労働におけるモラル・ハラスメントを直接に評価するものではなく、労働におけるメンタルヘルスを分析し、就業分野（職種や産業分野）ごとに精神的な健康への障害の発生率の指標を明らかにすることであった。これは、一方では労働者のメンタルヘルス、他方では職業的リスクを、同じ対象者に対して調査する複合的な研究である。労働者の悪化する状況は、自答式の調査項目（健康全般調査*）によって測定され、うつ症状や不安神経症、身体症状、対人行動の困難を明らかにしている。社会心理的要因にさらされることは、カラセックおよびジーグリストの質問票によって調査されていた。それに精神力動面**の質問が付け加わった(6)。

この調査によれば、調査対象の女性の三七パーセントと男性の二四パーセントが、必ずしもモラル・ハラスメントを口にしていないが、「悪化する状況」を述べている。

---

* GHQ－28（六七頁訳注参照）。

** 精神力動あるいは精神力学とは、精神現象ひいては行動を、力学的な因果関係の仮定によって理解しようとする見解。

(C)これ以外の調査も、仕事の苦痛の診断の際に行なわれる自答式の質問用紙によって、あるいは相談組織を通じて、対象となった人に任意に実施されてきた。これらの研究は、モラル・ハラスメントの犠牲者のより詳細な分析を行なっているという長所を有している。ただし、診察を受けている人に限られるため、特に女性が多いという特徴がある。

こうして、二〇〇三年から二〇〇六年に、アミアン大学病院センターにおいて、仕事での苦痛の診察は一八六件あり、平均年齢は四十二歳で、その六六パーセントは、主として民間企業の女性労働者であった。

- 八八パーセントの事案においては、上司との関係において、問題があった。
- 八四パーセントの事案においては、その問題は、六か月以上継続していた。
- 五二パーセントの事案においては、その問題は、仕事上の紛争から現われているようである。
- 二五パーセントの事案において、モラル・ハラスメントが推定された。
- 七三パーセントの人は、仕事を中断していた。
- 六・五パーセントの人は、過失を理由に解雇された。

この調査の対象者は、ハラスメントの被害者の全体像と同視されないことを留意する必要がある。というのは、この調査対象者は、主治医あるいは産業医などの多くの学問分野の人(心理学者、職業病専門の産業医や法医学専門の医師）による診察に赴いた人からなっている。これらの専門家は、事案の重大性によっては、手に負えないと感じることもあったであろう。

もっと以前の研究で、二〇〇六年に公表されたものが、二〇〇〇年と二〇〇二年の間にガルシェ病院における「苦痛と労働」診察科で実施された。[7] 研究対象の患者は、労働におけるモラル・ハラスメントの被害者で、平均年齢四十五・八歳、女性が七二・五パーセント、管理職が四三パーセントであった。これらの被害者は、平均して、十一年半の勤務経験があり、うちの四八パーセントの人が従業員五十人以上の企業で働いていた。そのうちの六四・三パーセントの事例において、明らかにされたモラル・ハラスメントは、一年以上続いていた。四二パーセントの事例においては、ハラスメントは、最初は、一人の個人から始まった。三四パーセントにおいては、ハラスメントは、解雇手続きを免れる目的から実行されていた。二〇パーセントにおいては、ハラスメントの事実は、経営手法の結果であった。患者の中で、三二パーセントの人は、向精神薬を服用していた。五〇パーセントの人は、病気欠勤があった。六〇パーセントの人は、精神科医や精神療法士のもとで精神療法を受診する必要があった。その後、ガルシェ病院によって勧められた診察を受けた。六二パーセントの人は、病気による不適格性を理由として解雇されていた。企業を離職してから一年半後に、五五パーセントの人は、失業状態にあった。そして、この研究の対象となった人の半数は、司法上の手続きを提起した。

Ⅲ　ハラスメントの類型

モラル・ハラスメントは、職階上のすべての地位の人から起きるが、地位が上がれば、その方法は巧妙になり、そのため、把握するのが困難になる。

職階上の上位者から部下に対しては、「下向的な垂直的ハラスメント」が生じる。調査によれば、この場合多いのは、中間管理職、その職制上の権限を濫用する下位の責任者の事例である。攻撃が上位の管理職から生じる場合には、不均衡な関係が増幅されることは明白なので、標的となった人への心理的な影響はより大きくなるようだ。

また、ハラスメントは、同僚から生じる「水平的ハラスメント」のこともありうる。この場合には、ハラスメントの起源は、妬み、嫉妬、対抗心や競争関係と結びついていることがしばしばである。上司が解決のために介入せず、水平的ハラスメントが継続することを放置していると、それは拡大し、下向的なハラスメントによって増幅され、「混合的ハラスメント」となる。

これは稀れな例だとしても、ハラスメントは上向することもありうる。たとえば、職階上の上位者が一人あるいは複数の部下にうまく尊重されることができずに、「上向的な垂直的ハラスメント」となる。この類型のハラスメントは、フランスでは、標的となった人がその事実を説明し、援助を求めることを嫌がるので、今日まで、ただ一つの判決しかない（一三六頁参照）。

レイマンの最初の調査やスカンディナヴィア諸国での他の調査は、水平的ハラスメントは、下向的な垂直的ハラスメントより少し頻度が多いことを示していた（四四パーセントと三七パーセント）。その後、他の調査は、職階上の上位者によるハラスメントは、水平的ハラスメントと同程度か、より多いと明らかにした。ノルウェーの八千人の労働者を対象とした研究では、五四パーセントの人が、職階上の上位者によりハラスメントされたことがあると述べていた[8]。

モラル・ハラスメントの被害にあったと述べている人を対象に、イギリスで二〇〇一年に実施されたヘルゲ・ハウエルなどの調査によれば、このモラル・ハラスメントは、六五・四パーセントが上司に、三九・四パーセントが同僚に、九・七パーセントが部下によって行なわれていた[9]。

Ⅳ　標的となる人物像

モラル・ハラスメントの被害者には典型的な人間像は存在しないとしても、そのことは、標的となる人が攻撃を受けやすい特徴や共通点を有していない、ということを意味しない。

1　産業分野ごとの特性

モラル・ハラスメントは、すべての産業分野で生じているが、個人の多大な貢献が要求されたり、仕事内容が明確に確定していない産業分野では、多くなっている。介護や看護、教育という仕事では、多く見受けられる。というのは、人間関係における精神的な負担や奉仕の重さが、個人を弱い立場におき、他方では、実際の仕事は測定されることができないからである。注射するために必要な時間は測定することができるが、病状を緩和するために必要な時間は測定できないからである。

すべての調査において、公務員分野では、多数の人が、モラル・ハラスメントの対象になっており、モラル・ハラスメントが平均してより長期に続いている。これは、おそらく、公務員が享有している比較的大きな身分保障の裏返しの結果である。公企業分野での終身雇用原則により、従業員の異動が少なく、その結果、紛争が増大していることを説明している。

すべての国において、最もモラル・ハラスメントの影響を受けている分野は、健康、教育、行政、特に地方公共団体の分野である。しかし、最近の調査によれば、精神的な苦痛ということでは伝統的にあまり指摘されてこなかった分野、たとえば、銀行・金融、エネルギーの分野や公衆サービスの分野からモラル・ハラスメントが現われている。

ケベック労働条件・雇用・労働安全衛生調査によれば、最もリスクの多い分野は、多い順に、健康・医療と社会福祉、行政あるいは半公的な業務、輸送と倉庫業、廃棄物管理、教育である。男性と女性とでは、その数値は異なっている。

ヨーロッパの次元では、パスカル・パオリとダミアン・メルリエの二〇〇一年の研究[10]によれば、最も影響を受けている分野は以下のとおりである。

- 行政と国防　一四パーセント
- 教育と健康　一二パーセント
- ホテルとレストラン　一二パーセント
- 輸送と通信　一二パーセント

フランスでは、二〇〇三年の職業的リスク被害医学的監視機構調査は、きわめて詳しい情報を与えてくれる。この調査によれば、行政機関の職員、熟練資格を有しない工場労働者*とサービス業の職員が、有害な行動、特に、品位を貶める攻撃を少し多めに受けていると述べている。社会保障機構の職員は、軽蔑的な行動に多く影響を受けている。さらに、清掃や住居管理の仕事をしている人や、家事労働に従事している人は、仕事の価値が否定されることをよく指摘している。統計的分析によれば、産業間のこのような相違は、主として、労働者の仕事の組織的性格によって説明されている。

企業の規模と就業分野も重要な役割を果たしている。従業員十人未満の事業所においては、従業員の

＊社会的に認定された職業資格を有する熟練工に対して、資格を有しない労働者（ＯＳ）。

一四パーセントが悪意ある行為を指摘しているが、企業全体では一七・三パーセントである。さらに、金融分野や建設分野の労働者は、消費財産業や自動車産業と不動産業で働く人ほど多くは、この種の行動をあまり指摘していない。

したがって、労働組織のあり方は、悪意ある行動のリスクを増大させる。そのため、労働者は、企業によって決定され、他に選択の余地のない勤務時間で働き、しばしば予定されたものよりも長い時間働かなければならず、結局、仕事の中で悪意ある行動の標的になってしまう。労働の速度が上司の監視によって命令されている労働者も同様である。他方、仕事上の失敗の際の制裁（賃金据え置き、解雇など）を恐れている労働者は、より頻繁に、悪意ある行動の被害を受けていると述べており、これは、自分の仕事を的確に遂行するのに、同僚の助力も実質的な手段も教育・訓練も欠いている労働者や、しばしば不意に仕事を混乱させられた労働者も同様である。この問題には、後で立ち戻ることにする。

2　年齢による特徴

モラル・ハラスメントと標的となった人の年齢との関係を研究する場合には、多くの調査結果はつねに一致するとは限らない。

ディ・マルティノ、*ヘルゲ・ハウエルとカーリ・クーパーによれば、[11]若い人は、年配者よりもハラスメントを受けているが、大部分の研究は、四十五歳から五十五歳の人がより多く影響を受けており、その人たちの受けるハラスメントはより長く続くという事実を明らかにしている。中高年者は、しばしば、まわりの状況が悪化しようとも、雇用を維持すること以外に選択の余地がないことを指摘する必要がある。この人たちは、離職すると、他の雇用を見つける可能性はほとんどないことを知っている。若者は、特に学業免許取得者である場合には、余所で働くという選択をすることができる。他方、多くの若者は、不安定雇用に従事しており、転職ということにそれほど抵抗感がない。ケベック労働条件・雇用・労働安全衛生調査は、モラル・ハラスメントは、若い人（二十四歳未満）と年配者（五十五歳以上）でより頻繁に起きていることを浮き彫りにしている。

しかし、おそらく年齢によって、ハラスメントの性質が異なるのであろう。アンジェロ・ソアレスの研究は[12]、最も若い人たちは、個人的な立場であまり信用を得ていないのに対して、年配者については、その仕事が信用されなかったり、のけ者にされたりする傾向にあることを明らかにしている。年齢層ごとの異なるハラスメントの実態の存在を指摘している。

他の研究も、年齢層に共通する特徴を明らかにしているが、その特徴は、前述の研究とは異なっている。たとえば、二〇〇三年の職業的リスク被害医学的監視機構の研究によれば、三十歳未満の若い人は、自分の労働の価値が否認されることをよく指摘しているのに対して、五十歳以上の労働者は、軽蔑

---

* Vittorio Di Martino、一九四一年―、バース大学研究者。

的な行動により多くさらされているとしている。

このような年齢に応じた待遇の違いは、労働の世界において増大しつつある世代間競争の反映でもある。フランスでは、政府の政策誘導にもかかわらず、使用者は、より安価でより従順な若者を雇い入れることを優先し続けている。使用者は、年配者の作業の遅さ、「柔軟性」の欠如や新しい技術の理解の飲み込みの悪さなどにいら立つことがある。このいら立ちが立腹へと転化し、どうしてモラル・ハラスメントとなる恐れはないのであろうか。

3　性別による特徴

大部分の調査によれば、国際的には、女性は、男性よりも頻繁に、モラル・ハラスメントの被害者になっている。特にラテン系の国では、一部の男性は、同性に対しては行ないそうもない悪意ある行動を女性に対して行なうことをあえてしているのである。また女性は、モラル・ハラスメントが起こりやすい職業資格の低い雇用や社会福祉分野の職業に就いていることが多い。それでも多くの女性は、不愉快な行動に対して我慢の限界に気づこうとしないこともある。というのは、女性は、極端に優しく、包容力があり、我慢強いように育てられてきた背景があるからだ。他方、男性にとっては、自分がモラル・ハラスメントの被害者であると明らかにすることは抵抗があるので、男性は、モラル・ハラスメントの事実を遅くなってから告発する傾向にあるという事実を無視してはならない[13]。

スカンディナヴィア諸国で行なわれた初期の研究は、ハラスメントを受けている比率では女性が高いことを示している。一九九六年に、レイマンは、スウェーデンでは、男性の被害者が四五パーセントに対して、女性は五五パーセントであると述べている。

ノルウェーでも、一九九六年に、アイナルセンが、男性が四三・九パーセントに対して、女性が五五・六パーセントという数値を公表している。

アメリカでは、職場のいじめ研究所によれば、女性は多数が被害者となっている。しかし、この研究は、ハラスメント実行者の四割が女性であり、これらの実行者の女性が、対象の事案の七割で、他の女性を標的にしていることも明らかにしている。

ケベック労働条件・雇用・労働安全衛生調査においては、より多くの女性が、モラル・ハラスメントの対象となっている。女性では一九パーセント、男性では一四パーセントとなっている。二〇一〇年に実施された労働条件に関する第五回ヨーロッパ実態調査で確認された男女間の不均衡は、女性労働者では九パーセントが対象となったのに対して、男性労働者では七パーセントとなっている。

フランスでは、ローヌ＝アルプ・中部労働研究機構調査では、調査対象の女性の一六パーセントが脅迫あるいは蔑視行為を受けてきたと述べていたが、男性では一一・六パーセントであった。しかも、職場で暴力を受けている女性は、男性より二倍以上という劣悪な状態にあり、精神的な苦痛は、男性よりも女性に影響を及ぼしている（調査された男性の二四パーセントに対して、女性では三七パーセント）。

しかし、このような男女間の比率の上での不均衡は、就職における問題点を指摘する一部の研究者からは異議が唱えられている。[14] 女性は、多くの場合、職位が低い雇用に就き、そこでは自分を守る可能性が少ないのである。また、女性は、行政、健康や教育のような「危険に満ちた」産業分野で働くことが多い。これらの研究者は、また、女性がより容易に不快感を表明するのに対して、男性は自分が犠牲者であると明らかにすることを躊躇するという事実から、男女間の比率の違いを相対化している。たしかに、他のさまざまな要因も作用しており、一九九六年のヘルシンキ都市圏におけるマリー・ヴァルティア*の研究は、男女間のどのような差異も指摘していない。

国際的な研究においてこれまで分析されていないのは、証明することがあまりにも恥ずかしいとか難しいとかの理由のために、明らかにセクシャル・ハラスメントとなる事実をモラル・ハラスメントとして苦情を申し立てるという傾向である。さらに、女性がセクシャル・ハラスメントに抵抗すると、ハラスメント実行者は、しばしば報復として、モラル・ハラスメントを行なうという実例もある。その場合には、犠牲者は、よく、モラル・ハラスメントだけを申し立てて被害を主張する。フランスでは、二〇一三年五月二十八日の判決**が、このような実態を強調している。破棄院は、モラル・ハラスメントに「偽装されている」性的な攻撃の場合には、裁判所は、その事実に正確な行為の定義を当てはめなければならないと述べた。

さらに、男性と女性は、モラル・ハラスメントの受け止め方が、おそらく同一ではない。二〇〇三年に行なわれた職業的リスク被害医学的監視機構の調査によれば、職場における悪意ある行動類型を少なくとも一つ受けているると述べているのは、女性はわずかに男性よりも多い。女性は特に軽蔑的な行動をより多く指摘しているのに対して、男性は自分の仕事の価値の否認をより多く挙げている。これはおそらく、男性の自己評価においては、仕事の領域がより重要な位置を占めているために、男性にとっては、仕事の価値を承認することが、より精神的に重要となっているのである。ある研究が明らかにしているのは、女性は、解雇の恐れや過失があるという偽りの告げ口に直面すると、肉体的変調が重くなるのに対して、男性は、自分の仕事への批判が続いたり、孤立させられたりすると、より強く反応するという。

デニーズ・サラン[15]***は、女性は、ハラスメントに対して組織と関連した原因を与えようとするが、男性は、個人的な理由を強調しようとすると述べている。

* Maarit Vartia、フィンランド職業安全研究所員。
** Cass. crim., 28 mai 2013, Nº 12-83843.
*** Denise Salin、（フィンランド）ハンケン大学准教授。

第五章　モラル・ハラスメントの影響

研究者はみな一致して、モラル・ハラスメントの結果は、標的にされた人にとっても、所属する組織の正常な運営にとっても、悲惨なことになると述べている。

I　標的にされた人の健康について

モラル・ハラスメントは、精神的あるいは身体的な多くの不調を生じさせ、また悪化させる。これらの重大な症候は、モラル・ハラスメントの過程が変わるにつれて現われてくる。モラル・ハラスメントが継続し、頻度や強度が強くなるにしたがって、被害者の健康は悪化していく。そのため、事実が明らかになる前でも、苦痛を感じている人をできる限り早く援助することが重要である。健康に対する影響は、被害者が受けることができる援助や、保護の要因にも悪化の要因にもなりうる被害者の個性の特徴によっても変わってくる。

1　ストレス反応

ハインツ・レイマンは、当初の研究から、ハラスメントが標的となった人の健康に悲劇的な結果をもたらすことを指摘していた。しかし、当時、彼は、ハラスメントの結果と強度のストレスの結果とを明確には区別していなかった。彼は、ハラスメントがストレスの原因であるかあるいはストレスの結果であるかを問題にした[1]。その後も、大部分の研究は、社会心理的リスクが健康に及ぼす影響とモラル・ハラスメントが健康に及ぼす影響を分析してきたが、この両者を区別することはなかった。たしかに、モラル・ハラスメントの有害な行動が最初に現われたとき、その症候は、強度ストレスの症候とたいして変わらない。しかし、その状態は、長くは続かない。

ベルギーの研究が、モラル・ハラスメントの精神的および社会的結果と労働におけるストレスの結果とを比較していて興味深い[2]。ハラスメントの被害者においては、精神的苦痛（GHQ－28の質問票*に

＊ General Health Questionnaire-28。イギリスのゴールドバーグ博士によって開発された質問紙法による検査法。

より判定）は、ストレスを受けた人における苦痛よりも、明確に識別されているようである。うつ病（ベック質問票*により判定）は、より頻繁であり、より重いものとなっている。逆に、知覚されたストレスやバーンアウトの程度（それぞれ、PSS－14質問票**、MBI質問票***により判定）には、有意的な違いはない。

モラル・ハラスメントの症候の特殊性はかなり大きいものであって、この種の状況に十分な経験を有している臨床医にとっては、対象者の健康に対するその影響だけから、モラル・ハラスメントの本当の姿を診断し、過剰な苦情のような他の社会心理的リスクと区別することは十分可能である[3]。

悪意ある行動がまだ職場ぐるみではなく、攻撃が微かで散発的であるような場合には、用語の厳密な意味において、まだモラル・ハラスメントとは言えないとしても、支援のための介入が必要な段階であろう。この段階では、標的となった人がハラスメント実行者とコミュニケーションを交わそうと試み、あるいは上司に話すならば、その人は、事態を好転させることができるかもしれないが、最も可能性の高いのは、身の回りで起きている問題を信じられず、理解しないままに、反応しないことである。

このように、この局面の期間、その症候は、強度ストレスの症候と似通っていることに注意する必要がある。

汎適応性症候群

ストレス作因が何であれ、その反応は、同じ図式：警告、適応、消耗を経る。ストレスがたまる出来事に直面して、視床下部の刺激は、視床下部―アドレナリン作動性交感神経興奮系と視床下部―下垂体―副腎系の活性化をもたらし、カテコールアミンの放出を伴う。これは、警告の段階を特徴づけ、その役割は、生命器官の酸化作用を増強するためのあらゆる機能を活性化することである。直後に、グリココルチコイドの分泌は、対象となる器官の活性化に必要なグルコースの放出を血液循環の中に行なう。これは、適応の局面である。グリココルチコイドの分泌は、自己抑制作用によって停止する。ストレス状態が、時間とともに継続すれば、グリココルチコイドの過度の分泌が、フィードバックの機能不全を生み出す知覚鈍麻の原因ともな

---

* Beck Depression Inventory。アメリカのペンシルバニア大学のアーロン・ベック博士（Aaron Temkin Beck、一九二一年―）によって考案された、抑うつの程度を客観的に測り、自己評価するためのうつ病調査票。

** Perceived Stress Scale-14。コーエン博士によって考案されたストレスチェックテスト。

*** Maslach Burnout Inventory。マスラック博士らが開発した燃え尽き状況を測定する質問票。

り、グリコルチコイドの血液濃縮がもう検知されなくなって、その製造が過剰となり、体のさまざまな生命機能の行き過ぎた作用を促すようになる。カテコールアミンとグリココルチコイドの過剰は、ストレス症候として現われてくる。

肉体の面では、筋肉の緊張、消化不良、腰痛、頭痛、動悸息切れ感、発汗などを観察することができる。心理的な面では、これらは、神経過敏、刺激感応、不安感、睡眠障害や涙腺崩壊の症状である。その後、疲労、軽い認識障害（注意力や記憶の障害）が現われ、積極的になることが難しくなってくる。最後に、薬の服用、アルコールやたばこの摂取の増加とともに、行動への影響が見られるようになる。

心理的な暴力のすべての過程で、同じように微妙な問題行動が、より客観的な事実の中に現われてくるようになる。それが標的とされた人を苦しめるのである——昨日まで何もしなかったのに、どうして今日は反応できるのであろうか。力の不均衡が明白になってくると、標的にされた人は、もう一人では自分を守る手段を持たず、何を行なっても、迫害する人によってすべてのことが標的とされた人に跳ね返ってくる。恐怖が病理学的な行動を引き起こし、それが、さかのぼって攻撃を正当化するアリバイとなってくる。たとえば、他人が質問をすると、神経がいら立ったり、簡単そうに見える仕事を目の前にして動けなくなるのである。

2　心身障害

このような攻撃に直面して、標的とされた人がごく一般に選びとる戦術は、回避と否認である。そしてこのことが、心身障害を最初に生じさせる。シャーロット・レイナーは、ハラスメントされた人の半数だけしか、自分がハラスメントされていることを自覚していないと検証した。[4] 多くの被害者は、攻撃の現実を見ようとしないので、自分の感情を押し殺すことになる。そしてその内分泌代謝が不規則となり、これが器質的疾患をもたらす。一般的には、これらの人は、自分の健康への影響が明白になるとき、あるいは他人がそれを指摘するにいたったときにだけ、このような経過を自覚するにすぎない。

よくあることだが、標的となった人は、勧められている病気休暇を拒否することがある。それは、報復の恐れと、耐えることで状況が改善するのでは、というむなしい期待によるものである。しかし、このような疾病を抱えての就業は、症状を憎悪させる。このような人は、仕事の中断によって、体力と気力を取り戻し、状況から一歩退くことによって、自分をよりうまく守ることができるのである。

心身障害には、いろんなものがあり、劇症的なものになることもよくある。それは、体重の減少や増加であり、消化器系や心臓の障害、毛髪の疾病、ときには内分泌疾患である。一部の調査は、循環器系や動脈高血圧のリスク、その他のメタボリック症候群リスクの増加を数値化しようとしている。しかし、つねにリスクは多面的に現われる。

これらの障害は、最初は自己治療によって、その後、家族の主治医によって診断される。主治医は、対処療法と必要な場合には勤務停止の処方をする。医師は、ときには、これらの問題性について不十分な訓練しか受けていないことがある。患者が症状の本当の原因を話さないと、医師はそれを見逃す危険性が強くあり、患者に職場の状況を問うてみようとすることはさらさらないであろう。

職場のモラル・ハラスメントは、病気による欠勤を二五から九〇パーセントまで増加させていると指摘されてきた。[5]

Gさん（女性）の事例

Gさんは、十年前から大手銀行に勤める法律家である。仕事に真面目な女性で、特別に難しい職場環境で、その仕事の資格のおかげで、生き残ってきたと言っている。彼女の働く銀行業界は、リストラによって、従業員はみな強度のストレスを受けており、Gさんも同様であった。彼女は、早番や遅番で働き、食事のための時間もあまり与えられず、睡眠もあまりできないが、その疲労は、確実な昇進によって報われていた。

二〇一〇年に、他の銀行出身の新しい上司が着任し、直ちに、業務全般、特にGさんが担当する仕事のやり方を適切ではないと非難した。その上司は、Gさんをぞんざいに扱い、話をさせず、彼女のすることをすべて批判し、彼女に余計な仕事を押しつけた。

二年間、彼女は、我慢することを余儀なくされたが、彼女はがんばり抜けば、この男は、最後は仕事の能力を認めるであろうと考え続けた。しかし、その上司が、彼女に関係のない失敗の責任を彼女のせいにしたとき、彼女は、人事労務部に訴えた。人事労務部は、対応として、事実関係をありふれたこととして取り繕った。産業医は、それでも、彼女に、三回の診療による精神的サポートを提案した。

ある日、この人物が特に攻撃的な様子を示した大変難しい会議の後、彼女は具合が悪くなり、顔面が紅潮化した。工事で沢山の埃が立っていたので、当初、彼女はこの症状を合理化し、アレルギーのせいだとした。彼女は、昼食時に皮膚科医に受診し、ストレスに関連するひどい湿疹と診断された。午後、職場に戻ると、叱責がまた始まった。彼女は、倒れ込み、産業医に受診し、一時的な勤務不能を宣告された。数日後、Gさんの顔面は、回復した。しかし、勤務停止期間が終わり、彼女が上司と再会したとき、湿疹が増幅して現われ、目にはむくみが出た。産業医は、職務不適格を宣告した。

そのとき、彼女は、精神的に参っていた。彼女は、それまで否定していたことを認めた。彼女が受けてきたことは正常ではなく、モラル・ハラスメントであり、彼女が迫害者と呼ぶ人と対面できる状況にはなかったことを認めた。彼女は、自分を守ることができる状況にはもうないという段階にあることが明らかになった。というのは、弁護士が彼女に要求した文書を集めようとすると、顔面紅潮が再び現われたからである。

数か月後、彼女は少し病状が緩和したとき、それまでの経過を検討し、ようやく、彼女は、自分が経験したことよりも事態がきわめて重大であることに気がついた。彼女は、それまで、「我慢する」ために、記憶にある限りのさまざまな攻撃やあざけりや無能攻撃を拭いさって、つまらないことのように取り繕ってきた。そのような態度が、これらのハラスメントが続くことを可能にしたのであった。

3 精神的影響

長期にわたる、侮蔑的で仕事を否認する攻撃の繰り返しは、被害者に、発作症状を生み出す。それは、意識狭縮、現実感消失を伴い、ときには、統合失調症にまでいたる可能性がある。

一般的に、モラル・ハラスメントにおいては、障害は、攻撃自体だけから生じるのではなく、標的となった人が置きざりにされ、反応することを妨げる無力感から生じる。被害者は、攻撃者の行動に対して論理的な説明を求め、自責の念に駆られ、自分の能力を疑うようになる。

そこで、自律神経活性化の発現とともに、長く続くしつこい不安障害が現われ、睡眠障害、被刺激性、過覚醒、興奮駆動や過剰な激発反応を伴うことになる。ケベックでの調査によれば、ハラスメントをされた人の三五パーセントは、きつい精神的苦悩とともに特に不安感や精神衰弱を示していた(6)。

このような症状に、徐々に、うつ的兆候が付け加わり、最初は実際行動不能や集中力困難、その後には悲観感情、あらゆる欲求喪失、無価値感そして自殺願望さえ生まれてくる。頻繁に、人はこれらの症状を周囲や医師に対してさえ隠す。というのは、人は上司の期待にもう応えられないと自責の念に駆られるからである。うつ状態の結果であるよりも、モラル・ハラスメントのやり方そのものが、無価値感、懐疑心や罪悪感を引き込むのである。

4 心的外傷後ストレス障害

労働における他の苦痛と異なって、モラル・ハラスメントの場合には、職場から離れても、障害を確定的に消滅させることはない。それは、心的外傷後ストレス障害（PTSD）によって継続するからである。レイマンは、多くの被害者が心的外傷後ストレス障害に近い症状を呈していたことをすでに観察していた。彼は、その治療レベルは、人が轢死した列車の運転手におけるよりも高いとさえ述べていた。

心的外傷後ストレス障害は、以下の三項目に要約できる。

• 侵入――人は、心的外傷を与える状況を見続け、そのことが、強い精神的苦痛を引き起こす。日中、痛ましいフラッシュバックによって映像が入り込み、夜には、攻撃が悪夢侵入の形によって蘇る。

・**回避**――人は、心的外傷を与える事件を思い起こさせるかもしれない状態を回避するためには、あらゆることをする。人はハラスメントをされていて、雇用に引き続きとどまる場合に、少なくともモラル・ハラスメントが行なわれた同じ状況であれば、ハラスメント加害者も含め他人と顔を合わせないことは難しい。ハラスメントをされた人のうちのかなりの人は、職場に再び戻ることができない。たとえ金銭的に非常に大きい影響を及ぼそうとも、働くことを中断する人もいる。このような事情から、モラル・ハラスメントの場合では、病気による欠勤の継続によってであれ、早期退職によってであれ、解雇あるいは合意退職によってであれ、ハラスメントされた人が離職することがよくある。職場から離れているので、危機的な苦悩が生じていなければ、事件が生じた会社の名前を思い出さない人もいる。でも、ハラスメント実行者と似ている人と町中ですれ違うという単純な事実が、苦悩の症状を引き起こす予兆として作用することもある。ハラスメントから発して、職業上の脱落にまでいたることのある恐怖症が生じていたのであった。

回避は、また、感情面や情緒面でも起こりうる。モラル・ハラスメントの被害者は、仕事を継続するにせよ継続しないにせよ、その症状を再発させるものを見ることは耐えがたい。こうして、被害者は、情緒的激発をすべて避けようとし、外傷性神経症にもなりたくないために、思考範囲を縮減し、感情を抑制し、隣人から離れ、生活の糸口をすべて失うことになる。

• 過剰興奮——心的外傷後ストレス障害（PTSD）を被った人は、集中力障害、記憶障害、睡眠障害、怒りっぽさ、過剰な激発反応を伴う過剰覚醒症状を示す。

心的外傷後ストレス障害のもう一つの特徴は、時間的に長引くことである。この症状は、長く続き、治療するのが難しい。攻撃の記憶は、消え去らない。口頭で表現するより以上に、怖いイメージに襲われる。このことは、医療画像で観察される。PETスキャン（陽電子放射断層撮影）による心的外傷後ストレス障害患者の所見では、大脳右半球と、辺縁系およびその近傍領域（この部位は系統発生的に古い脳とも呼ばれる）において血流増加が見られる。そして、血流減少は、左脳の皮質、言語野にあたる領域で観察される。

これらの症状がモラル・ハラスメントの被害者において観察されるとしても、精神科医の中には、この場合に心的外傷後ストレス障害の診断に異論を唱える人もいる。この医師たちは、この診断をするためDSM-Ⅳ（七八頁参照）により提案されている基準の第一基準がモラル・ハラスメントには適用されないという事実を根拠にする。実際、ハラスメントは、その期間と継続によって特徴づけられるのに対して、A基準は、尋常ではない暴力が一回現われ、その中で、個人の肉体的あるいは精神的統合性が脅かされることも含むからである。

心的外傷後ストレス障害（PTSD）診断基準*（DSM－Ⅳ－TR）

(A) その人は、以下の二つがともにあてはまる外傷的出来事に曝露した。
(a) 実際に死にそうになったり、重傷を負いそうになった、あるいはそのように脅かされた、もしくは自分あるいは他人の肉体的統合性を脅かされた、一つあるいは複数の出来事を、その人が体験したり、目撃したり、直面した。
(b) その人の反応は、強い恐怖、無力感と戦慄を伴った。

(B) 外傷的出来事は、少なくとも以下の一つの形で再体験され続けている。
(a) イメージや思考あるいは知覚を含む、苦痛を呼びおこす出来事の反復的で侵入的な想起
(b) 苦痛を呼びおこす出来事についての反復的な夢
(c) 外傷的出来事が再び起こっているかのように突発的に行動したり、感じたりすること（体験がよみがえる感覚、錯覚、幻覚、および解離症状のエピソード（フラッシュバックなど）
(d) 外傷的出来事の一面を象徴したり類似する、内的あるいは外的なきっかけに曝露したときに生じる強い心理的苦痛
(e) 外傷的出来事の一面を象徴したり類似する、内的あるいは外的なきっかけに曝露した際の生理学的反応性

（出典：アメリカ精神医学会、ＤＳＭ－Ⅳ、フランス語翻訳版、Manuel diagnostique et Statistique des troubles mentaux, Paris, Masson, 1996.）

＊ここでは原書の(A)から(B)までを訳出した。本文で言及するように、フランス語版未公刊であるが、二〇一三年に新しい診断基準ＤＳＭ－Ｖが公表されているので、日本精神神経学会（日本語版用語監修）、髙橋三郎・大野裕（監訳）『ＤＳＭ－５精神疾患の診断・統計マニュアル』（医学書院、二〇一四年）二六九－二七〇頁より引用（一部省略）しておく。

心的外傷後ストレス障害（ＰＴＳＤ）診断基準　ＤＳＭ－Ｖ（成人、青年、６歳を越える子ども）

Ａ 実際にまたは危うく死ぬ、重症を負う、性的暴力を受ける出来事への、以下のいずれか１つ（またはそれ以上）の形による曝露：

(1) 心的外傷的出来事を直接体験する。

(2) 他人に起こった出来事を直に目撃する。

(3) 近親者または親しい友人に起こった心的外傷的出来事を耳にする。家族または友人が実際に死んだ出来事または危うく死にそうになった出来事の場合、それは暴力的なものまたは偶発的なものでなくてはならない。

(4) 心的外傷的出来事の強い不快感をいだく細部に、繰り返しまたは極端に曝露される体験をする。

注：基準Ａ４は、仕事に関連するものでない限り、電子媒体、テレビ、映像、または写真による

曝露には適用されない。

B 心的外傷的出来事の後に始まる、その心的外傷的出来事に関連した、以下のいずれか1つ（またはそれ以上）の侵入症状の存在：

(1) 心的外傷的出来事の反復的、不随意的、および侵入的で苦痛な記憶

(2) 夢の内容と情動またはそのいずれかが心的外傷的出来事に関連している、反復的で苦痛な夢

(3) 心的外傷的出来事が再び起こっているように感じる、またはそのように行動する解離症状（例：フラッシュバック）（このような反応は1つの連続体として生じ、非常に極端な場合は現実の状況への認識を完全に喪失するという形で現れる）。

(4) 心的外傷的出来事の側面を象徴するまたはそれに類似する、内的または外的なきっかけに曝露された際の強烈なまたは遷延する心理的苦痛

(5) 心的外傷的出来事の側面を象徴するまたはそれに類似する、内的または外的なきっかけに対する顕著な生理学的反応

C 心的外傷的出来事に関連する刺激の持続的回避。心的外傷的出来事の後に始まり、以下のいずれか1つまたは両方で示される。

(1) 心的外傷的出来事についての、または密接に関連する苦痛な記憶、思考、または感情の回避、または回避しようとする努力

(2) 心的外傷的出来事についての、または密接に関連する苦痛な記憶、思考、または感情を呼び起こすことに結びつくもの（人、場所、会話、行動、物、状況）の回避、または回避しようとする努力

D 心的外傷的出来事に関連した認知と気分の陰性の変化。心的外傷的出来事の後に発現または悪化し、

以下のいずれか2つ（またはそれ以上）で示される。

(1) 心的外傷的出来事の重要な側面の想起不能（通常は解離性健忘によるものであり、頭部外傷やアルコール、または薬物など他の要因によるものではない）

(2) 自分自身や他者、世界に対する持続的で過剰に否定的な信念や予想（例：「私が悪い」、「誰も信用できない」、「世界は徹底的に危険だ」、「私の全神経系は永久に破壊された」）

(3) 自分自身や他者への非難につながる、心的外傷的出来事の原因や結果についての持続的でゆがんだ認識

(4) 持続的な陰性の感情状態（例：恐怖、戦慄、怒り、罪悪感、または恥）

(5) 重要な活動への関心または参加の著しい減退

(6) 他者から孤立している、または疎遠になっている感覚

(7) 陽性の情動を体験することが持続的にできないこと（例：幸福や満足、愛情を感じることができないこと）

E 心的外傷的出来事と関連した、覚醒度と反応性の著しい変化。心的外傷的出来事の後に発現または悪化し、以下のいずれか2つ（またはそれ以上）で示される。

(1) 人や物に対する言語的または肉体的な攻撃性で通常示される、（ほとんど挑発なしでの）いらだたしさと激しい怒り

(2) 無謀なまたは自己破壊的な行動

(3) 過度の警戒心

(4) 過剰な驚愕反応

(5) 集中困難
(6) 睡眠障害（例：入眠や睡眠維持の困難、または浅い眠り）
F 障害（基準B、C、DおよびE）の持続が1カ月以上
G その障害は、臨床的に意味のある苦痛、または社会的、職業的、または他の重要な領域における機能の障害を引き起こしている。
H その障害は、物質（例：医薬品またはアルコール）または他の医学的疾患の生理学的作用によるものではない。

▼いずれかを特定せよ

解離症状を伴う：症状が心的外傷後ストレス障害の基準を満たし、加えてストレス因への反応として、次のいずれかの症状を持続的または反復的に体験する。

1. **離人感**：自分の精神機能や身体から遊離し、あたかも外部の傍観者であるかのように感じる持続的または反復的な体験（例：夢の中にいるような感じ、自己または身体の非現実感や、時間が進むのが遅い感覚）
2. **現実感消失**：周囲の非現実感の持続的または反復的な体験（例：まわりの世界が非現実的で、夢のようで、ぼんやりし、またはゆがんでいるように体験される）

▼該当すれば特定せよ

遅延顕症型：その出来事から少なくとも6カ月間（いくつかの症状の発症や発現が即時であったとしても）診断基準を完全には満たしていない場合

そのために、研究者は、他の診断基準を提案してきた。たとえば、複雑性心的外傷後ストレス障害（complex PTSD）、**特定不能の極度のストレス障害**（DESNOS）*、**長期にわたる強迫性ストレス障害**（PDSD）**である。現在、アメリカ精神医学会で承認され、用いられているのは、**心的外傷後脆化障害**（PTED）である。フランスでは、モラル・ハラスメントや配偶者間暴力におけるように、外傷性の出来事が繰り返され、継続する場合には、心的外傷後ストレス状態（ESPT）***第Ⅱ類型と呼んでいる。ノリーン・テラーニ[7]****は、外傷性の被曝を四種類に類型化することを提案している。

- **単純型**――単一の出来事に関連した心的外傷
- **相関型**――他の人の意図的な行動を伴う心的外傷
- **成長型**――幼児期
- **複雑系**――上記の複数の原因の結合する場合あるいは心的外傷を引き起こす一連の出来事

---

* DESNOS（Disorder of Extreme Stress Not Otherwise Specified）という概念は、慢性的なトラウマをも含んだ診断概念とされる。

** Prolonged Duress Stress Disorder

*** État de stress post traumatique

**** Noreen Tehrani、相談組織（Noreen Tehrani Associates）を主宰。

その後、ＤＳＭ－Ｖが登場し、アメリカで二〇一三年に公表されたが、フランスではまだ翻訳されていない。心的外傷後ストレス障害（ＰＴＳＤ）の定義に関しては、ＤＳＭ－Ⅳとの関係ではほとんど修正されていないとしても、心的外傷後ストレス障害の原因としては、以下のように、**ハラスメント**を考慮に入れる必要がある。「再発的な社会的排除や他人からの拒絶を引き起こす権力の不平等が存在する場合。社会的拒否の例として、ハラスメント、あざけり、脅迫、言葉での攻撃や侮蔑の対象となる事実、社会的環境において、同僚や他人の活動から意図的に排除される事実を挙げることができる[8]」。

これらの評価類型の検討は、重要ではないとは言えない。というのは、一部の国では、裁判に訴える場合に、ハラスメンの重大性を立証しなければならないからである。精神科医によって作成された数値化された評価しか信用しない判事もいる。精神科医は、ＤＳＭ－ⅣやＤＳＭ－Ｖを参照し、あるいは心的外傷後ストレス障害をＦ４３・１に分類する、世界保健機関が公表している国際疾病分類*を参考にすることができる。

５　モラル・ハラスメントの特性

一般的に、社会心理的リスクは、労働者の健康に重大な影響を及ぼすが、モラル・ハラスメントに関連する障害は、明確な特性を有する。

他の形態の労働における苦痛と対比して、さまざまなモラル・ハラスメントの特異性は、その期間の長さにあり、懐疑心、羞恥心や屈辱が続くのである。長時間経ってから、被害者は、自問し、弁解し、正当化しようと努め、自分に問題があるとし、罪悪感を負ってしまう。被害者は、自分の知覚を疑問に思い続ける——何が真実で、何が嘘なのかと。すでに傷ついている自尊心に苦痛が積み重なる。自分が経験したことをどのように話せばいいのだろうか。

Sさん（女性）の事例

Sさんは、多国籍企業の経理担当であったが、セクシャル・ハラスメントを受けた同僚の弁護のために証言した後、モラル・ハラスメントを受けた。人々は彼女を孤立化させた後、彼女の仕事を否認し、上司の責任に帰せられるべき失敗を彼女のせいにしようとし、彼女が正常であるかどうかを問題視した。あらゆる犠牲を払って我慢した一年が過ぎた後、彼女は、結局、信用できないとして解雇された。その後、モラル・ハラスメントが、労働審判所（労働裁判所）で認められ、雇用主が処罰されたが、Sさんは、傷つけられたままであった。真面目な私が疑

＊国際疾病分類（ＣＩＭ－10）、英語略ではＩＣＤ－10。

このような悲惨な経験は、その後個人の人格を変えてしまうことがある。心的外傷は、たとえば強迫性の反復行為を伴うような人格障害を悪化させることがある。心的外傷の経験は、極度の警戒心を持たせることになる妄想誘導にいたることがある。信頼が嘲弄され、裏切られ、ごまかされたとき、不信感に陥るのは普通のことである。私の診察の経験からすると、公企業分野でのモラル・ハラスメントは、特に妄想性の特性への変化に影響を与えているようだ。というのは、救済の手続きが長期になり、とても形式ばっているからである。急性錯乱のような精神障害が現われてくることもある。

職場で経験された攻撃は、しばしば、個人の私的な過去の他の失策に影響を及ぼしてしまい、忘れてしまったと考えていた過去の痛手や屈辱を蘇らせることがある。ハラスメントによって誘導された心的外傷は、恥辱を引き起こす過去の攻撃を吸い上げるポンプのように作用する。

6　モラル・ハラスメントと自殺

ハインツ・レイマンは、公的に自殺と確認されているうちの十五分の一から六分の一は、ハラスメントを原因としていると評価している。しかし、これは、慎重に検討する必要がある。自殺は、諸要因の複合から条件づけられる行為である。モラル・ハラスメントは、実際に、これらの要因の一つをなしていることはありうるが、個人的な弱みも考慮する必要がある。有害な行動、あるいは許容しがたい労働条件と自殺行為との間の因果関係を、どのように立証するのであろうか。

自殺と職場とを結びつけた報道はあるものの、フランスには、自殺の原因と労働との関係の存否に関する統計研究は存在しないようであった。* それでも、近代社会学の創始者であるエミール・デュルケーム** が当時説明していたのと同じように、経済社会評議会*** は、「社会関係、すなわち労働関係、家族関係、所属団体の関係、地域の関係を解体するように働くすべてのことは、自殺死のリスクを増加させる」(9) と評価した。

---

* 自殺と労働に関する実証的研究によれば、一九七六年から二〇〇二年の年平均で、男性労働者の自殺者数は、十万人あたり二五・一人である（女性労働者の自殺者数は少ないので、未算出。C. Cohidon et al., Suicide et activité professionnelle en France : premières exploitations de données disponibles, Institut de veille sanitaire, 2010, p. 4.）。日本では、「自殺の状況」（内閣府・警察庁）と「労働力調査」（総務省）から試算すると、二〇一五年の「被雇用者・勤め人」の自殺者数は、十万人あたりで一八七・二人（男性、男女計で一二四・一人）である。

** Émile Durkheim、一八五八－一九一七年、『自殺論』（*Le Suicide*, 1897）（宮島喬訳、中公文庫、一九八五年）。

*** 労使代表等から構成される政府の諮問機関。二〇〇八年、経済社会環境評議会に改組。

自殺の試みと遂行された自殺は、結果だけではなく、当事者の特徴から見ても、別個の二つの事実をなしていることはよく知られている。それでも、自殺願望の分析は、モラル・ハラスメントの経過を的確に理解するのに役立つ。

ケベックでは、アンジェロ・ソアレスが、モラル・ハラスメントと自殺願望との関係を研究した(10)。**ベック絶望感尺度***に基づいて、ソアレスは、自殺願望が出現するリスクは、ハラスメントの期間と頻度に対応するが、ハラスメントの原因によって変化することを証明できた。同僚から生じるハラスメントよりも、上司あるいは集団から生じるハラスメントの方が、影響は大きいのである。この研究は、また、自殺願望と心的外傷との間の相関関係も明らかにしている。

しかし、自殺願望を持つことは、個人がその行為に移るであろうことを意味しないし、自殺における衝動性の大きさを無視してはならないことも述べておこう。

7 社会的影響

社会的影響は、職業上のストレスよりも、モラル・ハラスメントの方がいっそう重大である。ストレスとハラスメントの被害者を比較したベルギーでの研究によれば、ハラスメントを受けた人は、ストレスだけを受けている人よりも二倍以上も就労不能に陥っている（ストレスの一七・五パーセントに対して三五・九パーセント）。就労不能の期間は、より長期になる（六か月九日に対して十一か月）。この同じ研究は、四分の三の被害者は、配置転換の際にあるいは解雇や合意退職によって、雇用を失っていることを明らかにしている。

フランスでのマリー・ペゼ**の類似の研究(11)もまた、被害者の生活に対するモラル・ハラスメントの悲惨な影響を指摘していた。被害者の中で、六〇・六パーセントの人が、病気休暇の延長中であり、一八・一パーセントの人が職業資格を失い、五・三パーセントの人が過失を理由に解雇され、三・二パーセントの人が自己退職し、一・一パーセントの人が合意退職を受け入れ、一パーセントの人が労働能力喪失の状態であった。

* Beck Hopelessness Scale は、アーロン・ベック（六九頁訳注参照）が考案。
** Marie Pezé、一九五一年—、精神科医・精神分析医。一九九七年、ナンテール病院に、フランスで初めて「労働における苦痛」相談部門を設立。

Ⅱ　周囲への影響

1　近親者に対して

ハラスメントは、標的となった人にだけ影響を及ぼすのではなく、波及的に犠牲者を増やしていく。たとえば、ある人が、職場で不当に扱われ、我慢しようとするときには、神経質や怒りっぽくなったり、他人に不機嫌になったりさえする。このようなことは、かならず、家族の生活に影響を及ぼす。標的となった人の配偶者は、どうして自分をうまく守れないのかとか、どうしてそのような状態に陥ったのか理解できないことが多い。そうして、配偶者は、相方のくどくどしい態度の繰り返しに徐々に疲れてくることがある。

難しい問題は、慢性疾患の対象とされ、その診断によって原因が適切に把握されないことになり、配偶者や親に懐疑心を抱かせることにある。私の経験では、犠牲者の妻たちは、夫が自分を守ることがみじめにもできないことを十分に理解していない。犠牲者のこのような状態が、配偶者を「無力化」するのである。

2　同僚に対して

モラル・ハラスメントの証人である同僚は、関わりあいに黙っているかどうかを問わず、その態度が結果を大きくしてしまうという意味では、積極的な役割を持っている。攻撃者は、同僚が非難すれば思いとどまることがあるが、反対に、同僚が好意を示したり黙認したりすればそれに乗っかることになる。さらに、標的となった人にとっては、同僚が沈黙したり、支援をしないことは、攻撃を増やすことになる。というのは、そのような態度は、被害者が置かれている孤立状態を強めるからである。

しかし、ハラスメントの方法が、あまりにも人目につかず、巧妙なために、他人にとって確認することができない場合には、誰も何も気がつかないことが起こりうる。また、同僚は、標的となった人の味方をすれば、自分自身が犠牲者になり、報復を受ける恐れや怖さから、あるいは自分のお節介を恥ずかしく思う気持ちから、口出ししないことがありうる。このことは、同僚自身がモラル・ハラスメントの影響を受けていることを意味する。多くの研究がこのことを確認しており、同僚も高い水準のストレスを経験していることを立証している[12]。

また、同僚は、状況についての誤った評価を行ない、人は決して偶然に犠牲者になることはないと考えて、責任の一端を犠牲者に押しつけることがある。モラル・ハラスメントの責任の一部を標的となった人に押しつけることによって、この証言者は、無意識的に、自分自身が犠牲者にならないようにと考えて、自分を守ろうとする。こうして、責任の押しつけという根本的な誤りから、標的となった人に関する個人的な要因の重要性を過大評価し、組織的要因を過少評価しているのである。「驚くべきことでもないが、あの人は、扱いにくかったし、怠慢だった」と。

Ⅲ　企業に対する影響

モラル・ハラスメントの実際の経済的負担を算定するのは難しいことである。というのは、その内容は多岐にわたっており、今日参照できる研究の大部分は、ストレスあるいは社会心理的リスク一般に関するもので、特にハラスメントを対象にしたものではないからである。しかし、その数値は、深刻な議論を巻き起こすもので、企業に対して、防止計画を実施することを促すものとなっている。

企業にとっては、ハラスメントは、**直接内部費用**である。この費用は、標的となった人が企業の信頼をなくし、決定を上手に下すことができなくなったことによる効率性の低下、偶発的な欠勤あるいは予定より繰り上がった早期退職を原因とするものである。一九九六年にイギリスで実施された研究によれば[13]、繰り返しハラスメントされていた人は、ハラスメントをされたことのない人に比べて、平均で、年に七日以上欠勤している。この調査は、ハラスメントされていた人がその労働にとどまっている場合、七パーセントの生産性の低下と算定している。

ハラスメントは、労働環境の劣悪化、他の労働者の信頼の低下、争いごとの増加、徒党の形成や離職の増加による間接的費用ももたらす。これらはすべて、生産性や製品サービスの質という意味で成果の減少を生み出すからである。

欧州議会の報告は、[14]モラル・ハラスメントの特別な費用を数値化することに努めてきた。たとえば、イギリスでは、ストレスに関連した疾病で、毎年、四千万労働日が失われ、そのうち三分の一から半数は、労働におけるモラル・ハラスメントを原因としていると評価している。ヨーロッパにおける労働者一人の欠勤は、使用者に、日に一〇〇から四〇〇ユーロの負担を課している。一年間では、ハラスメントされた一人の労働者は、使用者に、一万七千五〇〇から五万ユーロの負担を課している。一つのポストについて、従業員採用のための費用は、算定方法で異なるが、必要とされる職業資格に応じて、七千五〇〇から四十万ユーロに達している。

国際労働機関は、ドイツにおける従業員千人以上の企業における「心理的暴力」の総費用を十五万ユーロと評価している。ドイツ経済全体では、労働におけるモラル・ハラスメントは、年に一五〇億から五〇〇億ユーロの損失に相当する。

ハラスメントは、企業のイメージを低下させ、訴訟リスクの可能性が生じることから、外部費用を要する。

これらの数値化されたデータを見れば、使用者がその組織内部でのこのような現象の出現を防止するための措置を一切講じないとすれば、驚きを禁じえない。さらに、劣悪な労働環境の直接的および間接的な費用は、社会保障の疾病保険や老齢年金保険の制度を通じて、社会全体に課せられることは疑いもないことであり、この社会的費用は、納税者全体によって負担されるのである。

第六章　モラル・ハラスメントの原因

スカンディナヴィア諸国で実施されたモラル・ハラスメントの初期の研究においては、二つのアプローチが有力であった。各研究者の専門分野に応じて、一部の研究者は、当事者の個性を研究し、他の研究者は、この現象の原因として、社会心理的要因を確定しようとした。すぐに、社会心理学者ハインツ・レイマンは、スカンディナヴィア諸国およびドイツの大部分の研究者とともに、ハラスメントの原因を組織的要因に求めるようになったが、他方、アングロ・サクソン諸国の研究は、個人的な性格に焦点を合わせていた。

フランスでは、他の国で経過してきたこととは異なって、おそらく社会学者は、モラル・ハラスメントという概念がマスコミにおいて急速に登場し、社会に広く普及したことに直面して、犯罪被害者の臨床医によって提唱されたこの概念に対して、多くの批判を公言してきた。これら社会学者は、この問題が、産業医の臨床教育をまったく受けていない一般医によって取り扱われていたことを批判した。しかし、集団的アプローチを基軸に据える労働社会学者や労働組合が、それ以前にはこの課題を取り上げてこなかったのは、まさしく、この被害が個別的にしか現われていなかったからだと指摘できるであろう。

他方、モラル・ハラスメントという「現場」に近いアプローチは、当事者の労働者にとっては、理論分析的な立場よりも、ずっと近づきやすいものであった。モラル・ハラスメントの概念は、当事者がしばしば沈黙を保ってきた状態に表現方法を与えることになり、お互いに理解しあい、そこから、勇気を出して語り始めることになった。アラン・エレンベルグ*が『自分らしさの困憊』で書いているように、「傷ついていることは、それを表現する言葉を持たなければ、あれやこれやの問題であると、どのようにしたら理解されるだろうか。そこで、精神科医は、患者の人格の分野に責任を負う唯一の専門医であることから、この言葉を的確に提起した。〔中略〕精神科医は、個人と社会の関係がどのように同時に変化するかを観察することができる特別の専門家なのだ[1]」。

より簡潔に言えば、モラル・ハラスメントという現象が、その原因を労働組織のあり方に求めることに誰も異論を唱えないとして、同時に、個別的な要素が重要な役割を果たしていることも否定しがたいことである。現代の経営の実態の問題点を承認することは、個人から一切の責任を免除することであってはならない。「暴力的な行動の背後に、たしかに（政治、経済、文化）制度が存在するが、同時に、この**効果的なシステム**を可能にしているのは、個別であれ、集団であれ、個人である[2]」。

労働と個人生活の境界が不鮮明になってきた今日においては、私たちに苦痛を与えているものにおいて、労働から由来するものと、社会の変化や個人の変化に由来するものとを、どのように区別するのであろうか。モラル・ハラスメントは、複雑な構成要因があり、その原因は、たった一つの理由に結びつけられるのではなく、心理的な、社会的な、経営的なさまざまな要因に結びついており、それらが、相互作用しあい、お互いに増幅しあっているのである。これらの要因はすべて、もつれあっているが、説明を明確にするというだけの理由から、私は、以後、これらの要因を個々に説明する。

I　組織的決定要因

モラル・ハラスメントの根底には、組織的な背景が見いだされる。これは、ある場合には、保護的な要因ともなりうるが、最もよく現われるのは、リスク発生的な状況を作り出してしまうことである。このような背景は、それ自体でモラル・ハラスメントを構成するものではないが、ハラスメントが跋扈（ばっこ）する土壌となりうる。

これらの組織的要因は混じりあっているとしても、私は、一方では、人を弱い立場にする決定的要

＊ Alain Ehrenberg、一九五〇年–、社会学者。

因、これは不幸にも現代には多く見られるものであるが、他方ではハラスメントに甘くなったり促したりする経営手法、さらには不安定な状態に駆り立ててハラスメントを開始させることになる環境要因とを区別することにしたい。

1 人を弱い立場にする経営

ストレスについてすでに観察したように、労働の現場は変化してきている。ますます、ストレスや精神的苦痛を生み出すようになっている。現代の企業経営において苦痛を生み出しているものは、量的なストレス（多すぎる仕事、実現不可能な期限）ではなく、質的なストレス（企業戦略の方向転換、仕事を早く片づけなければならない意識、道義的苦痛）であり、この質的なストレスが、人を弱い立場に置き、モラル・ハラスメントの土壌を用意することになる。

一部の大企業においてみられるが（中小企業においてはそれほど多くはないようだが）、絶えずより効率性を求めようとすることが、経営のあり方を非人間的なものに変えてきた。

まず、現在の経営方法は、労働者の孤立化を大きくしている。労働者は、結束の強い作業班で働くのではなく、プロジェクトごとの横断的な方法で働くようになっているからだ。意見交換をする余裕はなく、情報伝達は、作業指示書や報告のEメールによってなされている。労働者は、定式化された手続きに従わなければならず、細かく分類された基準によって評価される。しかし、この実績評点は、目に見える成果だけしか測定せず、労働の実態を反映していない。それは、成績を個人ごとに判断することによって、集団的な連帯を破壊する。これらの数値化された基準に、どのような方向にも判断しうる態度に関するきわめて主観的な質的な基準が付け加わってくるのである。

労働とその環境の変化に対応して、企業戦略の選択やその実施条件について、ほとんど情報を与えられていない労働者にとっては、存在意義の喪失感情が生まれてくる。実際、決定過程は、ますます集権化されるので、批判したり、積極的な意見提出は不可能になっているのである。

効率化のために、労働は細分化され、それが労働者に自分の努力の成果を見えなくさせている。さらに、時間、手段や権限の不足のために、労働者は、仕事を早く片づけなければならない感情をしばしば持つ。満足になされた仕事への喜びは、払われた努力が報われて初めて生まれるが、現代の経営は、いつもこのような自己を満足させる報酬を曖昧にしてしまっている。

このような閉塞状況に、どのような声も挙げることができない。というのは、企業組織は、そのイメージを管理し、あるいはトラブル発生の恐れから、合意を追求するために、紛争発生の可能性を押さえつけようとするからである。紛争を消し去ることによって、主役たる人たちが意見を表明することをできなくさせ、あるいはしばらくは期待を抱かせるが何も問題を解決しないような拙速な解決策を求めようとする。そのために、専門家や専門家集団を招き入れることがある。専門家は、報告書を作成し、その権限の分野にだけ関わる異論のない事実を指摘することになる。誰も、実情を「考察する」ことはなく、さまざまな鑑定書を関連づけることもない。

　労働者がこのような図式を受け入れ、お互いに同じように競いあうことによって、このシステムは、労働者をその影響のもとに置くことになる。労働者がお互いに能力を発揮し、自己実現し、価値を共有することを勧める扇動的な演説は、労働者に感動を与えるが、矛盾、紛争や複雑さについては口にされることがない。自主性について語られるが、実は、その目標はあらかじめ定められている。労働者に参加することが求められるが、実は、柔軟性の導入により、労働者は交替可能であり、すぐにでも解雇されうることをよく知っている。労働者は、チームで労働しなければならないが、成果の評価は、個人ごとになされる。「総合的な品質」と語られるが、企業は、経済的な収益性への関心に支配されている。このような逆説的な弁舌によって、意味論の遮断壁を作り出し、その結果、かつてないほど、労働者に、服従と従順を要求していることを覆い隠している。[3] 労働者は、目標を実現するという絶え間ない圧力によって責任感を与えられ、もう余計なことはしないという感情を植えつけられる。こうして、労働者は、誠実さや連帯感を破壊する恐れを冒してまで、企業の価値を自己の内部に取り込むことになる。

　こうして、自分が承認されたいという欲求は、人をますます操作可能な状態にし、人は、反対に仕事に多くのことを期待することになる。フランス人の三〇パーセントは、自分たちが行なっていることが他人に認められていないと述べており、この水準は、ヨーロッパの平均（二二パーセント）よりはるかに高いのである。

郵便はがき

おそれいりますが切手をおはりください。

101-0052

東京都千代田区神田小川町3-24

白水社 行

購読申込書

■ご注文の書籍はご指定の書店にお届けします．なお，直送をご希望の場合は冊数に関係なく送料300円をご負担願います．

書名	本体価格	部数

★価格は税抜きです

(ふりがな)

お名前　　(Tel.　　)

ご住所　(〒　　)

ご指定書店名（必ずご記入ください） Tel.	取次	（この欄は小社で記入いたします）

『Q1010　モラル・ハラスメント』について　(51010)

■その他小社出版物についてのご意見・ご感想もお書きください。

■あなたのコメントを広告やホームページ等で紹介してもよろしいですか？
1. はい（お名前は掲載しません。紹介させていただいた方には粗品を進呈します）　2. いいえ

ご住所	〒　電話（　）		
(ふりがな) お名前	（　歳） 1. 男　2. 女		
ご職業または学校名		お求めの書店名	

■この本を何でお知りになりましたか？
1. 新聞広告（朝日・毎日・読売・日経・他〈　〉）
2. 雑誌広告（雑誌名　）
3. 書評（新聞または雑誌名　）　4.《白水社の本棚》を見て
5. 店頭で見て　6. 白水社のホームページを見て　7. その他（　）

■お買い求めの動機は？
1. 著者・翻訳者に関心があるので　2. タイトルに引かれて　3. 帯の文章を読んで
4. 広告を見て　5. 装丁が良かったので　6. その他（　）

■出版案内ご入用の方はご希望のものに印をおつけください。
1. 白水社ブックカタログ　2. 新書カタログ　3. 辞典・語学書カタログ
4. パブリッシャーズ・レビュー《白水社の本棚》（新刊案内／1・4・7・10月刊）

※ご記入いただいた個人情報は、ご希望のあった目録などの送付、また今後の本作りの参考にさせていただく以外の目的で使用することはありません。なお書店を指定して書籍を注文された場合は、お名前・ご住所・お電話番号をご指定書店に連絡させていただきます。

2　モラル・ハラスメントを誘発する企業経営のあり方

駅や空港で見受けられる数多くのビジネス誌で述べられていることとは逆に、企業経営は、論理的かつ合理的な科学であると信じてはならない。そこには、人にとっても生産性にとっても、多くの不統一な、否定的な作用が見いだされるからだ。経営者の人格と保身のメカニズムが、企業の文化や経営方法に影響を与えている。

(A) **企業文化**とは、従業員集団の行動を方向づける目には見えない雰囲気である。それは、価値、規則や規範によって特徴づけられる。新しい人が企業組織に入る場合、企業の規範と受け入れられる従業員集団の規範の両方に順応しなければならない。新しい人に望まれる行動の規則集が入社した週末に渡され、その後、チーム結成会議に呼び出され、作業班と引きあわされる。普通は打ち解けた場所で行なわれるこの会合の際に、気楽にするように促され、怪しげな冗談とか侮辱的ないたずらは、やりすぎとみなされるどころか、むしろ人々を仲間に取り込むための試金石となっている。

イギリスの公営企業部門の労働組合である公務員労働組合（ＵＮＩＳＯＮ）[*]によって行なわれた研究

＊ The Public Service Union、イギリスの最大労組の一つ。

によれば、回答者の九割は、ハラスメント行動に直面した上司の黙認を、その悪化の原因とみなしている。(4)

モラル・ハラスメントは、企業文化がそれを許容している場合にだけ可能であるが、この企業文化は、上層部によって直接推し進められている。モラル・ハラスメントを制裁するという経営陣の強い意思が存しているところでは、モラル・ハラスメントは生まれない。しかし、ある場合には、企業組織の文化が、敬意の欠如や違反行為を当たり前のこととしてしまい、そこでは、ハラスメントが制裁されることはなくなり、このことが、ハラスメントの暗黙の許容を意味するのである。

(B) **経営方法**――スカンディナヴィア諸国での研究によれば、二つの経営手法がモラル・ハラスメントを誘発している。専制的手法と放任的手法である。私はこれに、誘いの罠と操作による悪徳的手法を付け加えたい。

- **専制的手法**とは、専制的さらには暴君的な個人の職務上の権限を極端にまで持ち上げる、硬直した組織に見られる。それはまた、経営方針が、あまりにも上意下達で、人事管理よりももっぱら生産に中心軸を置いている場合でもある。この恐怖心による経営手法は、あまりにも自由に放置されていると判断された作業チームを掌握しようとする場合に、意図的に採用されることもある。この場合には、ハラスメントは、とりわけ垂直的な下向性のものとなる。

・**放任的手法**とは、上手に運営されておらず、組織の秩序が乱れている企業に見られるもので、そこでは、役割がうまく決められておらず、職務の定義は不明確であったり、組織の雰囲気が不安定であったりする。これらの企業では、労働者は、上司から指導されておらず、管理職は、権限の正当性を主張できないでいる。このようなことが、水平的ハラスメントを誘発する。というのは、何も規制されていないので、権力に飢えた人は、自分の成果のために障害となる誰かを押しつぶそうとする誘惑に駆り立てられるからである。

・**悪徳的手法**とは、個人が考慮されない経営手法である。個人的な悪徳的な行動の問題ではなく、むしろあまりにも観念的で、労働者を搾取対象の資源とみなしているような、悪徳的な権力者のシステムのことである。労働者が役に立つときには、お世辞を言うが、十分な成果をあげない場合には、躊躇なく粗略に扱い、放り出してしまうのである。そのため、たとえば、お互いを競争させ、侮辱を我慢させ、人間関係の混乱を引き起こして、これみよがしではなく、遠回しに支配するのである。

このような経営手法の対象となる職場では、日常の硬直的な経営手法は、建前の優しい発言や一応は完璧な職業倫理の規範の存在とは矛盾を来してくる。

その経営手法は、攻撃的なあるいは自己愛的な小心な責任者の垂直的なハラスメントをかばう。このような人物は、競争者の信用を失墜させ、あるいは権限を獲得するために、不健全な雰囲気すべてを利用する。この経営手法は、また、身代わりの水平的ハラスメントを誘発する。この場合には、標的となった人は、本当の標的である職制上の上司の身代わりの犠牲者となるからである。こうして、モラル・ハラスメントの実行が、安全弁となって、最低限の犠牲で反対する者を排斥することを可能とする。

これらの同じ企業の中で、しばしば、合理化計画を回避しながら生産性を改善するために、戦略的な、意識的なかつ意図的なモラル・ハラスメントが、「貢献度のわずかな者」を退職させるために、実行されることがある。そのためには、労働者に実現不可能な目標を与え、繰り返し批判するだけで十分である。その結果、その後、評価の際に、その成果は不十分だと判断されることになるからである。

3 モラル・ハラスメントの起動装置

労働者にとって、不安定で、愉快でないままの状態が引き続いていても、ある変化が生じ、動揺をもたらし、人々を弱い立場にするようになってしまうと、文字通り状況が激変する。すべての研究は、変化が、正常で対話のある意思疎通を伴わなければ、それは、モラル・ハラスメントのリスク要因になることを示している。

その変化は、労働者の私生活（病気休暇の延長、妊娠）の場合もあるし、職業活動（昇進、教育休暇からの復帰）に関わることもある。しかし、最も多い事例は、その変化は、労働組織に関する場合である。というのは、グローバリゼーションの状況のもとで競争力を維持するために、企業は、絶え間なくリストラ、再編や流動化を行ない、これが労働者にとっては、不安の原因となってくる。これらが、労働者を気持ちの上で不安定な状態に置き、能力不足の状態に陥り、仕事の上での生きがいを失い、より端的には職場を失うとの怖れを抱かせる。

変化は、それを実施せざるをえない経営者をも弱い立場に置く。というのは、経営者は、協力者の反感を恐れており、そのことが、専制的な、さらには悪徳的な経営上の行動を採用させることになる。

しかし、変化は、ある種の異常な性格の人にとっては、何よりもの機会となり、そのような状況で、組織の側の寛大な姿勢を利用し、より多くの権限を獲得するために、同僚や部下を操ろうとする。

Ⅱ　現代社会の変動

いま述べてきたような成果主義の論理は、企業だけに限ったものではなく、社会全体を覆っており、特に、新しい技術の導入とともに、私生活と職業活動との分離は、ますます不鮮明になっている。労働の直接的な圧力以外に、型通りにする、幸せである、うまくいっている、成績がよくなければならない、などといった、社会から生じてくるずっと巧妙な圧力がある。アラン・エレンベルグが著書[5]で見事に示したように、現代社会における経済的競争による価値の増大は、個人を個人的な存在意義と社会的成功の獲得に駆り立てており、このことは、精神的な苦痛というこれまでにない心配事を伴うものであった。現代の個人は、たしかにより自由であるが、同時により脆弱で、より孤立している。

情報通信技術は、私たちの働き方を変化させてきた。同時に、私たちのあり方そのものも変化させた。これらの技術は、日常の社会生活における普段の交流を様変わりさせ、一部の人にとっては、孤立化の要因となりうるのであった。というのは、情報手段の操作は、より緊密な交流を犠牲にして行なわれるからである。急速な技術革新のおかげで、私たちは絶えず順応することを余儀なくされ、すべてが急激に変動するものであるという感覚とともに不確実な状態に置かれている。私たちは、生活の長期的な見通しを考えたり持ったりする余裕をほとんどなくしている。

人々を弱い立場にしているのは、古い保護の制度の崩壊と集団的な制度による規制力の弱体化である。服従と禁止に基づく制度に代わって登場してきたのは、自主性と自由をいっそう必要とする制度である。各個人は、自分の固有の目標を打ち立てなければならない。というのは、基準は、強制的な規則に基づいて作られるのではなく、各個人の責任と創意によるからである。人々の中には、そのようなことを自分で担当できなくて、他人から親身にされ、指導され、保護されることを望む人もいるであろう。このような事情が、指導者による直接管理技術の発達を説明している。

こうして、各個人は、ただ一人でその生存の困難に立ち向かうことになるが、最高の価値として賞賛された個人主義は、あらゆる分野で不安定な状態をもたらすことになる。そこでは、自己の労働によって自分を定義し、外部では見つけられない栄光が仕事上での成功から生まれることを期待しようとする傾向が生まれる。労働者は、仕事が個人生活においてなくてはならないものとなっていると考えているので、労働組織がうまく機能し、各個人の特別な事情を考慮してくれることを望んでいる。しかし、労働組織が全体に適用されるために定められた手続きや生産手段に基づいて作られているのに、どのようにして全体の集団から自分を区別し、自分の特別な事情を主張できるのであろうか。

見せかけの世界においては、仕事においてであれ、感情面での生活においてであれ、社会的なネットワークにおいて理想化されたイメージを魅惑し、「売りつけ」、自分に与える必要がある。偽りの見せかけの文明社会において、重要なことは、人が現にある姿ではなく、どのように見えるかである。労働においては、働いて、いい成果を得るだけでは十分ではなく、同時に、自分を表現し、よりよく評価させることである。考慮されるのは、実際の出来高や収益よりも、目に見える成果の姿である。こうして、人々は、順応的な「偽りの自己」を作り上げ、そのことにより、本当の内部的な感情とのつながりを失い、全面的な信憑性を失うにいたるのである。生き残るためには、努力によるよりも適当な手段によって、労働によるよりも口先によって、うまくはかどるような近道を選ぶことに駆り立てられる。

この自己中心的な社会は、陽気や開放とはほど遠く、多くの恐怖を生み出している。たとえば、他人の恐怖、攻撃、病気、汚染、老化や失業の恐怖、目標に到達しないという恐怖、とりわけ、「普通で」ないという恐怖。これらの恐怖から、自己防衛にはしり、自分への疑心暗鬼に陥り、他人との関係での硬直化をもたらし、しばしば、暴力を生み出すのである。

Ⅲ　個人的要因

この研究において、個人的要因を含まないとすれば、モラル・ハラスメントの諸要因を理解できないであろう。というのは、経営は、人によって行なわれ、人に適用されるからである。ハラスメントする人と標的となる人という個人が、特定の仕事の関係の中で、相互の間で、どのように影響しあうのかを分析することが重要である。この人間的な要素が、モラル・ハラスメントと社会心理的リスクとの違いを特徴づけている。個人的な要因を語ることは、ハラスメントの出現における組織的要因の重要性を決して否定することになるのではなく、逆に、企業組織にあまりにも多くの焦点を当てることが、個人の責任を免除させてしまう恐れを生じることになるであろう。企業組織に対して、経営における人的な側面を配慮していないと批判することができないのであれば、同じ道理から、経営危機の分析において個人的すなわち従業員の要因を除外することも非難できなくなるであろう。

1　個人像の変化

私たちが述べてきた社会の変化は、個人の精神病理にも影響を与えてきた。個人もまた、かつてないほど、裏切られ、失望させられて、自己の評価をもう一度高めようとして絶望したのであった。自己中心的な私たちの社会は、自己愛的であるが、逆説的に、自己愛主義を全面的に欠いている個人を作り出している。そこで、ジークムント・フロイト*によって描かれたノイローゼから、特に自己愛的な病理の特徴を有する症状、すなわち抑うつ状態、心身障害、中毒症とともにこれらの副作用へと移行していく。現在、これらの病理の増大に直面しているのは、このような類型の人格が、現代社会にあまりにも適合するからである。自己愛的な作用を強くしているのは、ひとりひとりの中にある自己愛的な特徴を増大させてしまっている社会の変化であろうか、それとも、新しい労働組織であろうか。おそらく、制度がゆがみ、強大になっているからである。

自己愛的な個人は、共通点を有している。

まず、この個人自身が、自らを機械とみなす傾向にある。そこでは、最も優れている者だけが生き残るという時代のルールに合致するために、その機能や成果を最適化することが問題となる。同時に、研修や改善のために長い年月をかけることなく、よりよい成果をあげるために、たとえば、潜在能力を伸ばすことを援助し、その存在価値を安心させてくれる指導者を必要とするようになる。

---

* Sigmund Freud、一八五六－一九三九年、オーストリアの精神分析学者。

自己愛的な個人は、目標に到達しないとか、水準にないという恐れや、欲求不満や自己の評価への攻撃、特に支配や誹謗として受け止められるすべてのことへじっと我慢できないことから、自己愛的な大きな脆弱性を有している。これらの事情により、上司からの最小限の批判にも挫折してしまい、あるいは他人の行動を攻撃であると誤って解釈してしまう。

精神的な面では、自己愛的な個人は、無頓着になってしまい、執拗な感情で空虚なことを語っている。それは、認識することを求めるのではなく、興奮や歓喜を追い求め、あるいは実質を伴おうが伴うまいが依存的な行動によって満足しようとするのである。不確実なあるいは欲求不満な状況に直面して、急速な解決が必要なのである。

自己愛的な個人は、問題を自分で処理するのに大きな困難を抱えている。紛争の場合には、問題を生じさせていることを分析するよりも、困難なことを他人の責任のせいにし、自らを犠牲者の立場に置くことがより簡単に思えてくるからである。このような人は、苦痛と不正義をもはや区別しない。そのことは、苦情の話が倍増し、安心の要求が増え、争うべき社会関係が現われるという形をとってくる。この自己愛的な人は、目標がないので、援助を要求している。こういった人は、絶対的な真実によって安心させられることを必要とする。このことが、他からの影響や操作によってより傷つけられることになるが、それには、企業の側からの働きかけも含まれ、企業は、容易に、その職業生活に過剰にのめり込むように誘いかけることができる。

このように、現代の個人は、異論の余地なく、より脆弱になっており、そのことが企業経営を混乱させてきている。ある人は、自分が危険だと感じているからという理由で他人を攻撃し、またある人は、個人的な原因として把握される問題すべてにあまりにも過敏になっている。

モラル・ハラスメントの概念が、労働における苦痛の問題を心理的な問題として扱い、個人の問題にしてきたのではなく、労働と社会の変化が、人を変えるにいたったのである。

2 標的となる人

ハラスメントの状態を分析し、解決策を見いだす上で、難しいことは、証言者や仲介者にとって、外在的な、可視的な状況が、各当事者の心理の反映ではないことである。ある状況は、人の主観的なフィルターを通してしか意味を持たない。ハラスメントされた人にとって攻撃的とみなされている行動とその人に与えている効果は、必ずしも同じではない。

人は、自分の受けているあるいは受けてきたハラスメントの状況を語るとき、機能障害のある人から攻撃を受けている潔白な標的として自分を描こうとする。一般的に言って、紛争状態にある場合、人は自分の行動だけを対象として、自分の立場から積極的な評価を与え、外部の状況（たとえば、労働における圧力）には、否定的な見方を与える。しかし、他人の行動を評価する場合には、まったく逆のことを行なうのである。このようなことは当然のことであろう。というのは、解釈が明確ではない状況において、迫害を想像させながら苦痛を申し立てることは、その苦痛を理解されやすいものとするからである。ただ具合の悪いときに居合わせたから、偶然に標的とされたと納得することは難しいのである。

研究者は、標的にされた人が特別な性格を示しているかどうか見極めようとしてきたが、どのような一般的な特徴も見いだすことはなく、被害者の集団は均質ではないと判断してきた。

実際はそれほど単純ではない。ハラスメントはすべて、個別的なものであって、各個人の歴史と背景の中で生まれており、さまざまなハラスメントに対して、同じ立場で接することはできない。ある人たちは、その歴史や人格の故に、ひどい扱いを受けたが、自分を守るすべをよく知らず、被害を大きくしている。しかし、ある程度の共通の特徴とか状況によって、潜在的な標的として指摘することも可能である。しかし、ハラスメントの原因となっていることと、その結果となっていることとを混同しないように注意しなければならない。

さまざまな状況を描くことが可能である。

• 権利保障されている労働者（労働組合代表、* 妊産婦）として、容易に解雇されえない場合に、標的として選ばれることがある。経営者の中には、冷笑しながら、あからさまに言う人もいる。「ちゃんと仕事しない労働組合代表を厄介払いするには、ハラスメントできないとしたら、どうしたらいい？」。また、人は、たとえば離婚や病気によって、一時的に、弱気になってしまっていることがありうる。このような場合、昇進の遅れている同僚が、このような事情を利用し、もうすこし大きな権限を得ようとすることがあるし、従業員を減らしたいと考えている管理職が、その人に過失を押しつけようとすることがある。

• いくつかの研究によれば、精神的に弱い状態にあるという事実は、ハラスメントの標的になるというリスクを増大させている。このことを説明するために、いくつかの仮説を説明することができる。これまで述べてきたような現代社会においては、安心や自信をなくすことは、明らかに弱点となって、その人は、ハラスメント実行者となりうる者の潜在的な標的となってしまうことがある。他方、不安を抱え、うつ状態あるいは強迫観念にとらわれている人の行動は、集団の中で、自己防衛的な反応を引き起こすことがある。エリザベース・セイーニュが指摘しているところによれば、[6]犠牲者は、臆病で、自分への自信をなくしているという事実が、ハラスメントの問題を誘発してしまったと認めている。一般に、自分自身に不適切な評価をしている人は、他の人よりも批判に敏感で、そのため、ハラスメント実行者は、この標的に巧妙に狙いを定める。たとえば、ある人が自分の仕事上の好成績によって、自分に高すぎる評価を与えていると、その人を精神的に参らせるためには、その仕事を低く評価しあるいはうまく働くことを妨げるだけで十分である。

＊労働組合代表は、最新の改正では二〇〇八年法によって、代表的と認定されている労働組合の企業内支部の活動保障として、活動手段と解雇規制の権利保障が定められている。

・別の状況では、人は、もっともらしい説明を見つけることができないまま、標的となることがある。それは、おそらく身代わりの犠牲者となっているのである。ある人に対して、個人的にあるいは集団として向けられている怒りが、具体的な形で表面化しないことがありうるが、その場合、その怒りは、おそらく偶然に見つけられた犠牲者に乗り移るのである。哲学者ルネ・ジラール*は、原始的社会では、身代わりの犠牲者の指名は、基本的行為であると説明している。あらゆる種類の集団的な圧力を排除するためには、身代わりの犠牲者の罪悪感という幻想を作り上げる必要がある。その人を媒介にした社会の平定化というまぎれもない企(たくら)みであるが、その人が、自分を犠牲にしてすべての集団をまとめ上げ、平穏や和解を擬態的に作り出すのである。組織的分析では、「否定的統合者」とも言われる。この人の役割は、集団のあらゆる攻撃性を一身に集めることである。こうして、集団は、重荷を免れ、うまく運営できることになる。

・よくハラスメントの起点としてみなされる基準がある。人々の行動を統一化しようとする社会では、他人と異なっていること、あるいは社会に邪魔になる人格は、集団の安定を乱しているからとして、同僚や上司によって排除される危険性が高くなる。このようなことが行なわれるのは、周囲を十分に信頼していない責任者が、きわめて自由な人あるいはきわめて強烈な個性を有する人を、その弱点を見せていないと疑うところから、恐れるような場合である。この場合、ハラスメントは、人をお仕着せの型に押し込むために、服従させることを目的にしている。

ここで、モラル・ハラスメントと差別との間の区別が、どこまで維持されうるか考えてみる。ハラスメントはしばしば人との区別や特殊性を言い立てるところから生まれるのであるから、ハラスメントはすべて差別的であると主張することもほぼ可能であろう。労働条件に関する第五回ヨーロッパ実態調査(二〇一〇年)によれば、ヨーロッパ全体では労働者の六・二パーセント、フランスでは一〇・四パーセントが、労働における一つの事由の差別を受けていると述べている。この数値は、二〇〇五年と比べると、わずかに増加している。** そこで指摘されている中で最も多い差別は、年齢(三パーセント)あるいは性別*** に関するもので、前述のように、女性と中高年者が、最も多くハラスメントされている。

• 何人かの研究者によって確認されているもう一つの特徴は、最もよくみられる犠牲者は、几帳面で、仕事に大変熱中し、不正常なことや小細工を拒否し、仕事上のよくないやり方を非難する人であるという事実である。早く進行させるために、しばしば労働者に仕事を手っ取り早く行なうことを要求する時代においては、このような人物が厄介者とみなされることは理解されるであろう。私

* René Girard、一九二三―二〇一五年、フランス出身の文芸批評家。いわゆるミメーシス(模倣=擬態)の理論を考案。

** ヨーロッパ全体では四・八パーセントで微増だが、フランスでは五パーセントで倍増している。

*** 二パーセント(二〇〇五年)。他は、国籍(一パーセント)、人種(一パーセント)、信仰(一パーセント未満)、障害(一パーセント未満)、性的指向(一パーセント未満)。

は、二〇〇二年以降、指摘してきたが、このような人たちは、紋切り型に抵抗し、既成の枠に収まることを嫌がるので、破滅させられようとしてしまうのである。

これらの労働者は、自己の承認という自己愛的な欲求によって、経営に関する発言を口に出さず、仕事に過度に打ち込む。そこで、その仕事の能力や成功を妬む人によって目をつけられる恐れがある。社会心理的リスクに関する章で紹介したXさんの事例（三六頁）を再び取り上げよう。この女性は、働きすぎて、疲弊し、病気になったが、それまで、昇進の道を順調に進んできた。

Xさんの事例（第二幕）

予告されていた合併は、Xさんの所属した元のグループ会社の代表取締役の退任をもたらした。このことは、会社での彼女の立場も変えることになり、会社と直属上司との折衝という役割も付け加わったが、彼女は、組織図の中の役職から降り、経営会議にはもう加わらなくなった。

この人物は、数字と広報に明るいことを理由に経営会議に入ることが正式に告げられた。実際、同氏は、すべてを数値化し、指標として指示を下した。しかし、仕事を知らなかったので、Xさんが教えなければならなかった。

入社以来、同氏は、ある部署を担当するが、状況を理解しようとはせず、Xさんに対して、彼女の管轄ではない書類のことで攻撃し、それを作成するようダメ押しの通告をした。Xさんは、だまされたとの感情を抱いた。「私は猛烈に働いた。それなのに、裏切られた思いがする。これは私の責任だ。私は私自身のマーケティングをできなかった」。

ここで、Xさんの現状の説明を止めるが、まだ、モラル・ハラスメントの問題ではないと言うことができるが、あと少しで十分にモラル・ハラスメントになると分かるであろう。Xさんは、慢性的な燃え尽き症候群の状態にあったが、彼女に与えられた仕事のおかげで積極的な姿勢に立ち戻り、持ちこたえていた。彼女の仕事がもう認められず、信頼されなくなったときから、Xさんは、不当だと判断する人物からの圧力にはとてもでないが、うまく耐えられなくなるであろう。

これはあたかも労働組織が、従業員を弱くし、恣意的な企業経営文化を通じて、従業員を支配下に置くことにより、成果を収めていくかのようである。その後は、人間関係が悪化するかどうかの問題だけであり、モラル・ハラスメントへと転じていくのである。

3 偽りの犠牲者

モラル・ハラスメントを定義することの難しさは、その事実の主観性にある。ハラスメントされたと主張する労働者のすべてが、決してそうであるわけではない。慎重でなければならず、あまりにも急いで誰かをモラル・ハラスメントと非難してはならない。というのは、その後は、法的な用語の問題となり、誤って使用されると、誣告罪として訴追にいたる可能性がある。善意から混同している人もある。その人は、実際に、労働現場で苦痛を受けているが、自分のことを理解させることができないままに、他の人がこの概念のメディア上での理解のされ方をうまく利用して、物質的利益や誰かの信用失墜を実現しようとしているような場合である。多い例として、本当の犠牲者は、疑問を抱え、自責の念に駆られているのに、恣意的な方法で物質的な利益を得ようとする人が傲慢な態度や報復妄想から行動していることには驚かされるであろう。

恣意的な方法で、モラル・ハラスメントと暴き立てる労働者の中には、やる気がないために人が発奮させようとして叱り飛ばしているのに、自分がハラスメントされたと感じる能力不足の人もいれば、仕事に満足していないという理由から上司に仕返ししようとし、その絶好の機会のために、モラル・ハラスメントという概念を見つけて利用しているような人もいる。自分を犠牲者に仕立てて、物質的利益を得ようとする人も同じようにいる。

よくあることだが、過失を理由に解雇された労働者は、労働審判所において、モラル・ハラスメントの立証をしようとする。勝訴することは稀であろう。

また、邪（よこしま）な人が、自分の過失ある行動を隠したてるために、あるいは制裁に復讐するために、自分を犠牲者と言い募り、同僚や上司を非難する事例もありうる。ハラスメント実行者として誤って非難された人は、ハラスメント被害者と同じような診断書を、特に自分の評価への重大な侵害であるとの主張とともに、提出するであろう。

また、パラノイア患者のことも考慮する必要がある。この患者は、時代の雰囲気に溶け込んで妄想を言い立て、そこに、自分の迫害感情への信頼できる支えを求めようとする。モラル・ハラスメントという課題の登場は、精神科医に神経過敏症というパラノイアの特別な類型について見直させることになった。神経過敏は、他人の反応や生活上の攻撃に異常なほどに敏感であり——感受性が強いともいわれるが——内気で、感じやすい人である。反応性病理として分類することができる。ドイツの精神科医エルンスト・クレッチマー*は、著書『パラノイアと神経過敏』で、一九二七年にすでに、神経過剰的な妄想の生成における職業上の紛争を指摘していた。

---

* Ernst Kretschmer、一八八八―一九六四年、ドイツの精神科医。『パラノイアと神経過敏（Paranoïa et Sensibilité）』（フランス語訳、Puf, 1963、Susan Horinson 訳、原題は、Der sensitive Beziehungswahn, 2. Aufl., 1927.）。

4　ハラスメント実行者

ハラスメント実行者に関する研究はほとんどない。おそらく当事者を刺激することを恐れて、モラル・ハラスメントの諸要因のおもとである企業組織の分析に集中してきて、その実行者という要素を考慮してこなかった。また、研究者は、ハラスメント実行者に接触することは困難でもある。ハラスメント実行者は、一般に、その破壊的行動の重大性を否認しているからである。その実行者を受け入れている企業組織の側についても同様である。その行動が生産性によほど影響を及ぼさなければ、企業組織はしばしば目をつぶるからである。

(A) ハラスメント実行者とは

ハラスメントが、悪意ある個人の意識的なかつ意図的な振る舞いであることはあまりない。より頻繁にあるのは、ハラスメントは、他人への敬意や気遣いの欠如によって、また無関心や思慮の欠如によって、現われてくるもので、それが、標的となる人にとって破壊的なものとなるのである。

ハラスメント実行者の大部分は、その行動の中に問題を抱えているということを自覚していなかったり、その行動が、状況から、正当化されると考えていたりする。一九九四年に、ノルウェーの七労働組合の二千二〇〇人の組合員を対象に、スタール・アイナルセンによって実施された研究では、調査対象者の五パーセントの人が、ハラスメントを促されてしまったと弁解しながら、職場で誰かをハラスメントしたと認めている。

いずれにせよ、これらの実行者は、自分の行動の影響を最小限に見ている。おそらくは、傷つけるという意識的な意図は持っていないために、自分をハラスメント実行者とは考えていないのである。法律によれば、ある行動がモラル・ハラスメントと認定されるためには、意図的であることは必要ではないということを知っていても、自分をハラスメント実行者とは考えないのである。

他の誰かをハラスメントするように駆り立てているものが何かを理解することで、その行動を穏やかにする手助けとなるであろう。

(B) どうしてハラスメントするのだろうか

・**恐怖によって**――ハラスメントする行動は、管理職自身がその上司から受けている圧力、さらには不当な待遇の結果でありうる。前述したように、労働者は、ますます増大する不安と恐怖の中で生活している。このようなことにより、労働者は、身を守ろうとする立場になり、他人を用心するようになり、攻撃的な感情を持つにいたり、こうして、攻撃される前に攻撃することを正当化するのである。

・**弱い立場にされたから**――身近な管理職が、支持を得ておらず、やるべき仕事が増えて悩んでおり、成績不振の水準にとどまったときに、部下を粗末に扱うにいたることがある。他方では、自分の感情を抑えきれず、自分のストレスや欲求不満を部下にぶつけようとする者もいる。しかし、弱い立場の管理職がすべて同じようにハラスメント実行者になると考える必要はなく、一部の人だけが、暴走する。

・**感情面での表現力や社会的資質の欠如によって**――一部の人は、その性格によってあるいはその教養のせいで、意思疎通することができない。社会関係を円滑にするいくつかの丁重な表現方法を習っておらず、他人の弱さや反応を見て他人を尊重することができない。これは、たとえば失感情症の一事例であり[7]、その性格の特徴から、自分を感情から遠ざけ、際だって社会的な順応主義の中に溶け込んでいるのである。この人たちは、同僚にきわめて冷淡であり、自分の周囲に無関心である。この人たちは、要領がよく、要請にすぐに対応することができ、仕事上の成績もいいが、このようなことが、同時に、他人の苦痛を理解する能力を封じ込めているのである。

・**自己主張したいという欲求によって**――社会科学の研究者は、自分への評価が、低いにしても高いにしても、他人をハラスメントするように促すことがありうるかどうかについて、長い間論議してきた。ある研究者は、自分自身のよくないイメージを持っている人が、弱い立場に置かれたときに、攻撃的になる傾向があると主張している。他の研究者は、自分自身にあまりにも高い理想を持っている人も、自分の立場を強めるために、ハラスメントし、その目標の実現を妨害する者は誰であっても排除することがあると指摘している。

ロイ・バウマイスター[8]*は、一九九八年に公刊された研究において、自己への高い評価を持つがとても弱い人は、不安定で、刹那的であるいは人為的に自己主張するので、他人を攻撃して、自分を守ろうとする傾向があると指摘している。ここには、前述したような自己愛的な人格の特徴が見いだされる。これらの人の自己愛的な弱さは、防禦的な不誠実な行為を誘導する可能性がある。これらの人の中には、個人の成績評価に際して、自分の成果を改善するよりも、同僚の仕事を邪魔する方が有利だと考えている者もいる。

・**妬みや嫉妬によって**――作業班を発奮させるという口実から、なれあい関係をなくすることを目的として、現代の企業経営は、従業員あるいは従業員集団を競争関係に、むしろ敵対関係ともいえるが、そこに置こうとする。これが、労働者に対して、自分を邪魔しそうな人を排除しようと駆り立てる。

一九九八年にアイルランドで実施された調査の際に、この研究の調査対象となった三十人の犠牲者全員が、自分たちがハラスメントされたという事実とハラスメント実行者の性格の気難しさを結びつけていた。半数の人は、ハラスメントがハラスメント実行者の最近の昇進と関係しているとして、三分の二の人は、妬みがハラスメントの実行において重要な原動力になっていると指摘していた。

---

* Roy F. Baumeister、一九五三年―、フロリダ州立大学教授。

・**受動性によって**——集団の文化が強ければ強いほど、集団に加わらないことが不都合なこととなってくる。その圧力や不安感が生じる場合に、他の状況では、ハラスメントを実行しない人でも、自分の精神的価値を「無感覚にし」、たとえ指導者が良心を失っていても、その指導者に従うことになる。

権威への服従の評価に関する有名な実験によって、スタンレー・ミルグラム*は、どのようにして、人は、命令に従うために自分自身の責任から自分を解放し、自分自身で考えなくても保護されると感じることができるかを立証した。これらの人は、無条件的に上司に従い、自分が行なっていることの意味を問うことはなしに、自分に期待されていることを予期する。もし自分がそれに合致し、少しでも多く合致していればよりいっそう保護されるだろうという期待から、たとえ不合理なものであってもすべての指示に服するのである。

フランス国立工芸院における労働心理研究室所長であるクリストフ・ドゥジュール**は、著書『フランスの苦悩[9]』で、労働においてますます厳しくなっている強制に伴う苦痛への労働者の同意を検討し、労働者は、どのようにして、その受容によって、「悪の陳腐さ」、この概念は、強制収容所に関して、ハンナ・アーレント***によって提唱されたものであるが、この「悪の陳腐さ」を受け入れてきたのかを問うた。

オランダでは、研究者たちが、ストレスに関する研究を名目にして、調査の任意の協力者に、大学の一つのポストのために知識試験に応募してきた求職者をハラスメントするよう求めた。被験者の九一パーセントは、求職者たる犠牲者が音をあげるまで痛めつけた。実験計画者の要請に従った人たちは、本当に罪悪感を感じることなく、中には、「合意してたでしょ、だからあなたの責任よ」と犠牲者を責めるにいたった人もいた。

(C) 病的性格

モラル・ハラスメントは、また、難しい性格を有している個人の行為でもありうる。そのあまりにも突出した性格が他人に苦痛をもたらす。実際、現代の企業経営は、管理職として、過剰な自意識を持った強い個性を評価している。そのため、攻勢的で、実務能力があり、気分屋ではなく、考慮よりむしろ行動に集中でき、成功するためには何でもできる人が重用される。

暴君のように振る舞っているとは思われていない経営者は沢山いる。これらの経営者は、労働者をののしり、あざけり、侮辱して、労働者に命令を与えるが、権限を持っているので、報復を受けることな

* Stanley Milgram、一九三三－八四年、アメリカの心理学者。
** Christophe Dejours、一九四九年－、フランスの精神科医。
*** Hannah Arendt、一九〇六－七五年、ドイツ出身の哲学者で、アメリカに亡命。

く、このようなことができる。中間的な立場にあって、性格に問題のある下位管理職の主任は、自分ほどには権限を持っていない従業員をいつも圧迫し、侮蔑する。本当の問題は、企業組織がこの職員を再配置するときに、直面する難しさにある。その職員が責任あるポストに就いてから、実際に不安を駆り立てる状態になって初めてその人の攻撃的な行動が現われてくるかもしれないからである。このような場合、その態度は、ストレスに直面したときの通常の反応と混同されることがある。難しい性格の人を管理指導するアメリカの心理学者ローラ・クローショー[10]*によれば、彼女が**不愉快な指導者**と呼ぶこれらの人は、同僚の能力不足を、自分自身の能力への攻撃と捉えるような方法で攻撃する。その攻撃性は、何よりも自己防衛的である。

以下のような類型の性格もまた、同僚や部下へのハラスメント問題を投じている。

- **強迫観念**――語源学的には、取り憑く（強迫する）という語とハラスメントするという語とは、きわめて近い。かつて受け入れられていた定義では、取り憑くとは、「ある人を他の人から孤立させるような形で、その人にかかりきりになる。そのかかりきりによって、迷惑をかけること」であり、広義によって、「ある考えを話しながら、しつこくつきまとう」ことである（リットレ辞書**）。

強迫観念は、支配するという大きな欲求である。その人にとっては、組織し、管理し、支配する必要がある。その行動の中において、まったく悪意がなくとも、その硬直した権威主義は、同僚や部下をいら立たせることがある。他の事由以上に、強迫観念は、組織の変動や時間の圧力にうまく対応できない。また、他の事由以上に、その適応性の欠如から来る強制を同僚に振りかざすのである。

• **パラノイア的な性格**――モラル・ハラスメントの偽りの犠牲者について述べたが、では、どうして、犠牲者におけるパラノイアの問題だけを取り上げて、攻撃者の問題を検討しないのであろうか。たしかに、部下からモラル・ハラスメントを批判されているあれこれの経営者が、気難しい性格を示していることがあり、精神科医は、もしそのような人に出会った場合には、パラノイアと認定することがあるが、しかし、一般的には、自ら訴えてくる人に対してだけ疾患を認める。

パラノイア的な性格の人をすぐに確認することは難しい。というのは、この人たちは、周囲に順応し、友好関係をむすび、期待されていることに応じるように見せかけることができるからだ。その誇大妄想によって、権力者の立場で羽を伸ばすことにもなる。自分が全能であるとまで思っている人は、部下や同僚でさえ虐待する。他人がその人の領域にふれると、たとえばリストラの場合や、他人と競争する立場に置かれる場合などには、その行動は悪化する。

• **退廃的な精神**――しばしば行き過ぎ気味に、自己愛的な退廃的なハラスメント実行者について語られてきた。想像するほど人数は多くなくとも、そのような人がいるところでは多くの被害をもたらして

＊ Laura Crawshaw、ボス・ウィスパリング研究所設立者。

＊＊ http://littre.reverso.net/dictionnaire-francais/

いる。というのは、このような人は、ノイローゼにすぎない労働者の退廃的な部分に働きかけ、その道に誘い込むことができるからだ。アメリカでは軽度の精神病質者あるいは誘発的な**操作的ハラスメント**[*]と呼ばれているこれらの人は、社会一般よりも権力的地位においてよく見受けられる。というのは、この人達は、競争心を持ち、リスクを冒すことを望むからだ。欺く能力と社会関係におけるためらいやゆとりの欠如が合わさって、これらの人は、社会的なかつ／あるいは物質的な速やかな成果を得ることができる。アメリカの精神科医モーガン・スコット・ペック[**]は、「悪魔の人格」と述べている。というのは、病理的自我の統合性の維持のために、他人を破滅させるからである。

自己愛的な退廃者は、社会生活や仕事にとても順応し、外見は普通の人であるが、その内的な空虚感によって、自分をさらに高く見せつけ、いつもより多くの権力を得るために、他人を自分のために利用する欲求を持っている。そのため、他人における自己愛的な欠陥を標的にし、その人の自己愛や信頼を攻撃する。このような人は、正体を明らかにするのが難しい。というのは、規則に違反し、道徳的意識と対立しても、受け入れられる範囲内につねにとどまっていることができるからだ。

---

* SOB（Seductive Operational Bully）

** Morgan Scott Peck、一九三六－二〇〇五年、アメリカの精神科医・作家。著書『The Road Less Traveled』（一九七八年）は、邦訳『愛と心理療法』（氏原寛・矢野隆子訳、創元社、一九八七年）がある。

第七章　法的制度

Ⅰ　フランス法

フランスでは、一九九八年に私が最初の著書『モラル・ハラスメント――日常の陰険な暴力』[*]を出版した結果、いろんな団体が、モラル・ハラスメントは罪になるというキャンペーン活動を始めた。

1　法律の内容

モラル・ハラスメントに関する法律は、二〇〇二年一月十七日のいわゆる「社会的近代化」の基本法によって、労働法典（民間企業に関して）、刑法典および公務員法の中に、挿入された。二〇〇三年一月に、挙証責任および調停に関して、修正が加えられている。

この法律によって作られたモラル・ハラスメントの定義は、当初、意識的に、曖昧にされていたが、

＊前出『Le Harcèlement moral, la violence perverse au quotidien』。

後述のように、相次ぐ判例によって、徐々に明確にされてきた。

刑法典第二二二-三三-二条

「権利や尊厳を侵害し、肉体的あるいは精神的健康を悪化させ、もしくは職業生活に影響を及ぼす恐れのある労働条件の劣化を目的とするあるいはその効果を有する繰り返される行為によって他人にハラスメントを与えることは、二年の禁固刑および三万ユーロの罰金によって処罰される」

これらの犯罪事実が、労働者によって犯された場合には、さらに、企業内の懲戒罰によって、重大な過失を理由として、解雇にいたる可能性を含めて、処罰されることがある。

労働法典第L一二二-四九条

「いかなる労働者も、その権利や尊厳を侵害し、その肉体的あるいは精神的健康を害し、もしくはその職業生活に影響を及ぼす恐れのある労働条件の劣化を目的とするあるいはその効果を有するモラル・ハラスメントの繰り返される行為の被害を受けてはならない」*

＊第L一二二－四九条（現行第L一一五二－一条）以外の条文は、以下のとおりである。

第L一一五二－二条「いかなる労働者も、モラル・ハラスメントの繰り返される行為の被害を受けたことあるいはそれを拒否したことを理由として、もしくはそのような行為を証言したことあるいは言明したことを理由として、制裁を受けたり、解雇されたり、もしくは直接的たると間接的たるとを問わず、特に報酬、教育訓練、再就職支援、配置、資格認定、職務分類、昇進、異動あるいは契約更新に関して、不利益措置の対象となることはできない」

第L一一五二－三条「第L一一五二－一条および第L一一五二－二条の規定に違反してなされた労働契約の解約、その反対の旨の規定や約定はすべて無効である」

第L一一五二－四条「使用者は、モラル・ハラスメントの行為を防止するために必要なあらゆる措置を講じるものとする。刑法典第二二二－三三－二条の条文が、職場内に掲示される」

第L一一五二－五条「モラル・ハラスメントの行為を行なった労働者はすべて、懲戒処分を受けることがある」

第L一一五二－六条「モラル・ハラスメントの被害者であると自ら判断する企業内のすべての者あるいはその対象となっている者は、調停手続きを開始することができる。当事者間の合意によって、調停者が選択される。

調停者は、当事者の問題についての情報を得る。調停者は、当事者を和解させるよう努力し、ハラスメントを終結させるために書面によって提案を行なう。

調停が不調となる場合には、調停者は、被害者のために定められている制裁措置や手続き上の保障を当事者に通知する」

刑法典第二二二―三三―二―一条「肉体的あるいは精神的健康の劣化によって現われる生活条件の悪化を目的とする、もしくはその効果を有する繰り返される行為によって、配偶者、パックス法による共同生活者あるいは同居者をハラスメントする事実は、それが、八日以下の就労不能を引き起こした場合、あるいはいかなる就労不能を引き起こさなかった場合でも、三年間の禁固および四万五千ユーロの罰金によって処罰され、八日を上回る就労不能を引き起こした場合には、五年間の禁固および七万五千ユーロの罰金によって処罰される」

この法律の主要な長所は、フランスの労働法の中に、心の健康の課題を採り入れたことである。ここには、世界保健機関によって提唱された健康の概念が適用されている。それは、「肉体的、精神的および社会的な、全面的に健全な状態を意味し、病気や体の不都合がないということだけにとどまらない」としている。

また、この法律は、使用者に対する防止義務を定めており、使用者は、モラル・ハラスメントの行動を防止するために必要なあらゆる措置を講じる義務を負っている。調停は、法律の条文の中に定められているが、実際には、まだ適用されたことはない。

2 ヨーロッパからの影響

このようなフランスにおける問題意識は、欧州連合の内部でなされてきた検討作業の成果を受け継いでいた。一連の法的な措置や取り組みが刺激を与え、モラル・ハラスメントと闘うという法的な枠組みを強化した。

こうして、二〇〇〇年の**差別に対する規制のため欧州連合指令**[*]が、差別の一形態にハラスメントを含めることにし、国際的な現象であることを明らかにした。その後、いくつかの措置が、フランスの判例の形成に影響を与え、法律を強化することになった。**労働におけるストレスに関する基本労使協定**[**]が、二〇〇四年十月二十日に署名された。そのとき、欧州委員会は、ビルバオ（スペイン）の労働安全衛生のための欧州機関によって行なわれた研究に基づいて、ストレスの経済的・社会的費用を指摘した。それは、労働におけるストレスの影響は、年に、数十億万ユーロに達すると算定していた。

＊ 二〇〇〇年第七十八号指令（雇用と労働に関する待遇の平等のための一般的枠組みの創設に関する二〇〇〇年十一月二十七日の欧州連合指令）。

＊＊ 二〇〇四年十月八日のストレスに関するヨーロッパ労使基本協定と思われる（http://www.dgdr.cnrs.fr/drh/protect-soc/documents/fiches_rps/ue_accord_cadre_8_octobre_2004.pdf）。

二〇〇七年十二月十二日の欧州連合基本権憲章は、「すべての労働者は、自己の健康、安全と尊厳を尊重する労働条件の権利を有する」と確認した。

二〇〇七年四月二十六日に署名された労働における暴力とハラスメントに関する基本労使協定*は、企業に対して、職場におけるハラスメントと暴力は、黙認されないということを明確に宣言することを義務づけた。さらに、問題が発生した場合に踏まれるべき手続きを具体化し、適切な措置を決定し、検討し、そして監視する恒常的な責任が労働者および／あるいはその代表者との協議の上で、使用者の義務となることを承認した。この文書は、人が、労働に関連した状況の中で、「繰り返しかつ意図的な」方法で、「不当な取扱いを受け、脅かされあるいは辱めを受けて」いる場合には、ハラスメントが存在すると明らかにしている。この条文は、「職場における他人の尊厳の相互の尊重」は、すべての国や地域で、企業にとって、成功の鍵となっていると明言している。

3 フランス法の発展

二〇〇四年以降、事実審判事**は、モラル・ハラスメントの認定について事実評価を行なう自由裁量を有していたが、二〇〇八年に、破棄院（最高裁判所）は、事実認定の審査を行ない、定義を明確にし、さまざまな考え方を調和するにいたった***。

こうして、判例は、いくつかの論点を明確にさせることになった。

- ハラスメント行動は、繰り返されなければならない。一回だけの下劣な行為の実行だけでは、ハラスメントを特徴づけるには十分ではない。例外として、差別の場合には、一回の行動だけで、モラル・ハラスメントを特徴づけるのに十分である。
- ハラスメントは、実際には、最も多くの事例では、長期にわたって行なわれている（十二か月から十八か月くらい）が、短期間の間に行なわれたこともある。この点、労働法典は、期間の要件についてまったく定めていない。二〇一〇年五月二十六日の判決****は、モラル・ハラスメントが、数日間で成立すると判断した。
- 尊厳への侵害は、必要ではない。
- 健康状態の悪化だけで、一つの要件となる。
- ハラスメント行動は、上司から（垂直的ハラスメント）や同僚から（水平的ハラスメント）生じう

---

* http://eur-lex.europa.eu/legal-content/FR/TXT/PDF/?uri=CELEX:52007DC0686&from=fr

** 事実認定を担当する初審裁判所の裁判官。

*** 二〇〇八年九月二十四日、破棄院社会部がモラル・ハラスメントの定義に関して判示した四判決（五事件）。Cass. soc., 24 septembre 2008, N° 06-46.517, N° 06-45.579, N° 06-45.747・N° 06-45.794 et N° 06-43.504.

**** Cass. soc., 26 mai 2010, N° 08-43.152. 約二か月の間の四回（四日間）の行為であった。

るが、ハラスメント実行者が、業務の提供先や下請けの労働者である場合には、第三者からも（外部的ハラスメント）生じうる。逆に、上司へ上向していくハラスメントに関しては、これまで、判例はなかった。

- それでも、上司に復讐しようとした労働者が、上司に加害を加える意図のもとにモラル・ハラスメント行為を利用するという事実は、上向的ハラスメントとみなされている*（二〇一二年六月判決）。
- 被害者が職場において被害を加えられた行為を実際の原因として行動した場合には、使用者は、その被害者の行動について、たとえ、攻撃的であったり侮辱的であったりしても、被害者を制裁することはできない。
- 挙証責任の配分制度は、公務員にも民間企業の労働者にも有利となっている。労働法典は、まず、労働者に対して、ハラスメントを根拠づけている要件事実を提出することを命じているが、その後、使用者は、「その行動がモラル・ハラスメントを構成するものではないこととその意図があらゆるモラル・ハラスメントとは無関係な客観的な要素によって正当化されることを証明」（二〇一一年一月六日破棄院社会部判決**）しなければならない。
- 同僚によってハラスメントされた労働者は、使用者と同僚を労働審判所に提訴することができる。
- モラル・ハラスメントの事実を申し立てる労働者は、悪意の場合を除いて、この理由から解雇されることはできない。このことは、主張されている事実が立証されていないという状況だけからは、解雇が認められないことを意味する。

- 不正に他人をモラル・ハラスメントとして責め立てる労働者は、誣告の罪で処罰されることがある。
- 使用者は、同僚に対してモラル・ハラスメントを行なった労働者を処罰する義務を有する。
- 使用者は、企業内でモラル・ハラスメントの事実を知らされていて何も対応しなかった場合には、加担していると判断されることがある。
- モラル・ハラスメントは、実行者の意図とは無関係に成立する。したがって、モラル・ハラスメントは、意図しないで、加害する意思なしに、起こりうる。しかし、このことは、もっぱら民事上に適用されることで、刑事上では、裁判官は、加害する意思を審理することができる。

しかし、別の判例が、もっと単純に、法律を拡張するにいたった。初期の判決は、主として、個人のモラル・ハラスメントを処罰していたけれども、破棄院のきわめて注目された判決は、個人ではなく、経営手法を問題とした。二〇〇九年十一月十日、破棄院社会部は、「上司によって実行されていた経営方法が、特定の労働者にとっては、その権利や尊厳を侵害し、その肉体的あるいは精神的健康を害し、

＊ 二〇一一年十二月六日の破棄院刑事部判決が、初めて、部下からの上司への「上向的ハラスメント」の成立を認めている（Cass. crim., 6 décembre 2011, N° 10-82266.）。

＊＊ Cass. soc., 6 janvier 2011, N° 09-41363.

もしくはその職業生活に影響を及ぼす恐れのある労働条件の劣化を目的とする、あるいはその効果を有する繰り返された行動によって具体的になっていたものであるからには、その経営手法によって」モラル・ハラスメントを認定できると判断した。*

この判決は、事実審判事の間での論争に終止符を打った。実際、判事の中には、業務全体が、ハラスメントを構成する恐れのある手法によって影響を受けていたとしても、モラル・ハラスメントは存在しないと判断する裁判例もあった。破棄院は、経営者の責任を判断するに際して、原告の労働者が個人的に管理手法の犠牲になっていたという事実だけでモラル・ハラスメント基準として認めることになった。これ以来、このような解釈が繰り返し確認されてきた。たとえば、二〇一〇年二月三日には、「短期集中目標ときわめて厳しい労働条件による経営方針が、（被害者の）仕事の方法について、特に侮蔑的なかつ曖昧な意図から、同僚の面前で、二度にわたり、理由もなく問題視することになり、その結果、強度のストレス状態に陥り、治療と医学検査を必要とした」事案がモラル・ハラスメントの対象となった。**

労働組織と、モラル・ハラスメントおよび社会心理的リスクの間の関係が認められている。そこから、フランス法では、経営上のハラスメントが承認されている。もちろんこの広くなった定義は、使用者や経営者を不安にさせている。

二〇一二年七月四日、二〇〇五年から二〇一〇年の間フランス・テレコム社***の代表取締役社長であったディディエ・ロンバールは、モラル・ハラスメントを理由として、十万ユーロの保証金とともに、予審判事により訊問のため召喚され、取り調べを受けた。労働監督官の報告は、グループ会社の経営手法は、労働者を精神的に脆弱化し、その肉体的および精神的健全さを侵害する結果をもたらしたと指摘した。

この会社は、フランスにおける電話通信事業の国家的独占を失った後、競争に直面して、根本的な改革方針を作成し、国営企業としてのあらゆる企業風土と文化を根本から見直そうとした。しかし、ディディエ・ロンバールによって実行された経営方針は、職員には恐怖の圧力をかけるような明らかに乱暴なものであったので、その結果、職員は、それに従うかあるいは離職するかを迫られた。二〇〇六年から二〇〇八年の間に、会社は、三回の合理化計画を立て、二万二千の雇用を削減した。他の地域に異動することを拒否した職員は、降格された。この二年間に、三十五名の労働者が自殺した。ディディエ・ロンバールは、マスコミの前で、皮肉を込めて、「自殺の方法」を語った。

その結果、会社は、法人として訴訟の対象にされることになったが、今回は初めて、経営者が、それまでおそらく個人的には会ったこともない労働者に対するモラル・ハラスメントで直接に訴追されたの

＊ Cass. soc., 10 novembre 2009, N° 07-45.321.

＊＊ Cass. soc., 3 février 2010, N° 08-44107.

＊＊＊ 現大手情報通信企業オランジュ社。

であった。

　モラル・ハラスメントのこのような広い解釈は、ほとんどすべての形態の労働における精神的な苦痛にも適用される可能性もあり、かなり多くの研究がなされている。おそらく、サンドリヌ・ラヴィオレット*が指摘するように、「〝古典的〟モラル・ハラスメントと〝経営的〟モラル・ハラスメントは［中略］区別されなければならない。後者は、労働者の中の一人だけではなく、労働者全体あるいは労働者の集団に影響を及ぼす意識的な経営方針の実行から生じるものだ。この〝新しい〟形態のハラスメントは、二つの要素から特徴づけられる。〝経営上〟および職制上という特徴で、労働者に対する特別な管理手法から生まれるものである。もう一つは、集団的特徴で、一般のモラル・ハラスメントにおける個別的なものとは区別される(1)」。

　破棄院は、病気の原因となった労働組織を処罰することで、経営者に強い警告を発した。従業員の肉体的および精神的健全さを保障するという結果義務**と防止計画を実施する義務が、経営者には課されている。この義務には、企業内で発生していることを認識する手段を講じ、重大なシグナルを待たずに対応するという努力義務を含んでいる。法律は、実際、以下のように規定している。***「使用者は、企業内における労働者の健康と安全の保護に関して、特にモラル・ハラスメントに関して、安全の結果義務を労働者に対して負う。使用者の側の過失の不存在は、その責任を免ずることはできない」。

　安全の結果義務違反は、「使用者は、労働者がさらされた危険を認識していたあるいは認識するべきであったとき、そして使用者がそれを防止するために必要な措置を講じなかったときには、弁解できない過失という性格のものとなる」。

この結果義務を理由として、使用者は労働者に対して、緊張の結果だけではなく緊張のリスクをも除去した労働環境を提供する義務を負う。モラル・ハラスメントという一つの事実が存在すれば、それは、使用者が実施した防止策が失敗したことを示している。使用者は、以下の三つの領域で責任を負う。

- 社会保障法の分野
- 労働法の分野
- 刑法の分野

＊ Sandrine Laviolette、ボルドー大学比較労働法社会保障法研究センター研究員。

＊＊ 結果義務（結果債務）は、特定の結果の実現が義務の内容となっているので、結果（安全）が実現しなければ義務違反（債務不履行）となり、債務者の帰責事由が推定される。

＊＊＊ 労働法典第L四一二一－一条は、「使用者は、労働者の安全を確保し、肉体的および精神的健康を保護するために必要な措置を講じる」と安全配慮義務を確認し、判例がモラル・ハラスメントに適用し、「弁解できない過失」と判断している（Cass. soc., 21 juin 2006, N° 05-43.914.）。

Ⅱ　ヨーロッパ諸国における労働に関連した精神病の法的承認

ヨーロッパでは、労働環境が、労働者の心の健康に影響を及ぼしうると認められ始めているが、精神疾患の職業上の原因の認定の問題では、一致していない。二〇一三年に公表され、フランスも含む十か国を対象としたヨーロッパ健康・労災機構報告書*によれば、精神疾患が、労働災害として認められるには難関を経なければならず、職業病として認められることは例外的な制度においてである。[2] たしかに、労働災害と職業病の制度は、当初、肉体的リスクを対象としてきたので、そこに、範囲を画定することがより難しい精神疾患を含ませることは自明のことではなかった。

1　職業病

スペインとスウェーデンを除いて、ヨーロッパ健康・労災機構の研究が対象としているすべての国が、職業病認定の複線的な制度を備えている。それは、一方では、国が定めた職業病のリストと、他方で、リストに掲載されていない病気についての補充的な制度からなっている。

研究対象の国の半数だけが、精神病を職業病として認定している。

デンマークは唯一、職業病リストに、精神障害、心的外傷後ストレス障害（ＰＴＳＤ）を掲載している。

フランス、ベルギーおよびイタリアでは、補充制度の中で、精神障害が職業病として認定されている。
フィンランド、ドイツ、スイスの三か国は、どのような精神障害も職業病として認めていない。
スウェーデンは、リストを作成しておらず、十年来、個別事案ごとに、精神病と仕事との間の関係を調べている。

スペインでは、職業病のリストに記載されていない病気は、仕事の遂行が唯一の原因である場合には、労働災害として自動的に認定されている。認定の請求は、精神病と労働条件の間の決定的関係を立証することが要件となる。判断は、通例、労働保険機構の職員に委ねられているが、調査の申し立ては可能である。難しいのは、精神病の複合要因的な性格であり、労働条件と精神病の存続の間の明確な因果関係の認定が一定していないことである。

一部の国では、配慮すべき病気やリスクを定義してきた。イタリアでは、危険な状態のリストが提唱されている。たとえば、仕事の外注化、仕事への労働者の不信感、あまりにも重い負担、情報閲覧禁止などである。これらの状態はすべて、場合によっては、モラル・ハラスメントに移行しうるであろう。スペインでは、四種類の病気が検討対象となっている。情緒障害、恐怖症とノイローゼ、行為障害、人格障害である。最近では二つの症状が検討されている。適応障害（国際疾病分類ＣＩＭ－10）と心的外

＊公益法人ヨーロッパ健康・労災機構（Eurogip）、http://www.eurogip.fr/fr/。

傷後ストレス障害（PTSD）である。

フランスでは、精神病は、社会保障法典第L四六一－一条において、定められている。* そこでは、職業活動との直接のおよび重要な関係が職業病認定地方委員会によって確認されることを条件に、その病気が、二五パーセント以上の労働能力の恒常的な喪失を根拠づけるほどの重症性を示していることが求められている。フランスでは、精神病は、国の定めたリストには掲載されていない職業病のうちの、二〇〇三年では八パーセントから二〇一一年の二一パーセントを占めるほどに、割合が増えている。

2 労働災害

精神障害の職業病としての認定が例外的であるとしても、障害が心的外傷と関連していれば、労働災害に認定される事例は多くなっている。

フランスでは、毎年、一万から一万二千事例の精神病が労働災害として認定されている。これは、ドイツ（四千九〇〇事例）、デンマーク（七三〇事例）やベルギー（六〇六事例）よりも多い。

多くの国では、一定の条件の下で、しばしば司法判断によって、自殺あるいは自殺未遂を労働災害に認定している。フランスでは、二〇一〇年に七十一事例、二〇一一年には二十八事例の自殺が疾病保険によって補償されているが、イタリアでは、一件のみである。**

フランスでは、勤務時間内に職場内で自殺した場合には、仕事上の責任が推定されている。その原因が、まったく仕事と無関係なことを立証するのは、使用者の義務である。しかし、このような帰責推定は、公務員分野では存在していない。

Ⅲ　諸外国の立法

モラル・ハラスメントの実態への理解が、一九九〇年代以降、ほぼ世界中に広まっていった。北欧諸国では、このような認識は、社会心理学者と労働問題専門家の研究から始まったが、他の国では、医療関係者の個人的努力の結果であったところもある。医師は、患者の中でのハラスメントの影響について、現場で直面し、この問題を告発してきた。これらの国では、この問題に関する研究の進展は、かな

＊社会保障法典第L四六一－一条によれば、精神疾患が、職業病として認定されるためには、被害者の死亡または労働能力の喪失が、職業活動との直接および重要な関係を有することが要件とされ、労働能力の喪失の程度は、第L四三四－二条により、病気の性格、年齢、肉体的および精神的機能などを考慮して、決定される。

＊＊日本では、二〇一五年度、「精神障害に係る労働災害」の請求は一五一五件（認定四七二件）、うち自殺（未遂を含む）は一九九件（認定九十三件）であった（厚生労働省「過労死等の労災補償状況」）。

り遅れて始まった。同様に、労働におけるモラル・ハラスメントに対する法的保護は、国によって、大きな違いがあり、まったく法的保護を定めていない国もあれば、複雑な方法を採用している国もある。

フランス、ベルギー、ケベック、オーストラリア南部州とスウェーデンでは、モラル・ハラスメントに対する特別な法的制度が存在する。すでに紹介したように、フランスは、二〇〇二年一月に、刑法典、労働法典および行政法典において同時に、法律を備えるにいたった最初の国である。

スカンディナヴィア諸国（フィンランドやデンマーク）、ブラジルの一部州政府やカナダの一部州政府のような国では、特別の保護のための措置がとられている。他の国では、ハラスメントされた労働者は、個々のある行為がたとえば侮辱、中傷、差別あるいはセクシャル・ハラスメントのような、一般的な犯罪として認定されうるような場合にだけ、法的な訴えを行なうことができる。しかし、モラル・ハラスメントと位置づけられる行為はきわめて微妙であり、その対象となった人の法的保護は、それほど実効的ではないことは明らかである。

スウェーデンや日本の事例は、モラル・ハラスメントに対する闘いに関する各国の方針の選択が、いかに多くの年月を要したかを理解させるであろう。

スウェーデンでは、一九三〇年代以降、「労働生活科学」が発展してきて、労使間の交渉に重要な役割を果たした。この研究は、一九六〇年代以降、労働医学研究所と使用者団体の労働研究所内での研究部門の創設とともに、増えてきた。労働医学のスカンディナヴィア学派の成果は、職業生活の質の要素の中に社会心理的要素を位置づけた労働環境に関する一九七六年法のような直接的な政治面での応用であった。[3] スウェーデンは、労働におけるモラル・ハラスメントに対する（あるいは公的な訳によると、「労働における嫌がらせ」に対する）特別な法的措置を定めた最初の欧州連合加盟国であった。同法によれば、使用者は、「労働組織や協調不足の問題などあらゆる事項が、労働者に被害をもたらす可能性があるので、不十分な労働条件の予兆の早期の摘発と是正を可能とする日常的な管理監督」を計画化し、実施する義務を負う。嫌がらせを受ける労働者は、援助や支援をすぐに受けられなければならない。これらの規定の不遵守は、罰金と一年未満の禁固刑の両方、あるいは一方の適用をもたらしうる。

日本では、モラル・ハラスメントおよびセクシャル・ハラスメントは、しばしば、個人的な問題とみなされ、公然と批判される恐れもあって、話題にすることと自体が難しかった。社会心理的な障害の重大性への認識は、この十数年来、過労死（職場での働き過ぎによる死亡、*karôshi*）や仕事に関連した自殺の事件の増加に対応して、徐々に増えてきた。

精神科医岡田康子*は、二〇〇一年に、モラル・ハラスメントに関する私の業績に基づき、この問題を提起し、**パワー・ハラスメント**と名づけた。同氏は、メンタルヘルスの分野、特に、差別の被害を受け

＊岡田康子は、株式会社クオレ・シー・キューブ代表取締役会長。カウンセラーではあるが、精神科医は著者の誤解であろう。

た女性を相手に活動し、権限の濫用の多さに驚くことになった。同氏はホットラインを開設し、マスコミに情報を提供した。

そのわずか後、ハラスメントされた日本の労働者を支援するために、ボランティアと専門家からなる団体が設立された。**職場のモラル・ハラスメントをなくす会**である。[4] この団体は、研究・調査の実績に加えて、労働者に情報提供を行ない、遠隔地の犠牲者のために電話相談を実施している。この団体は、きわめて限定的に判断されるとして、**パワー・ハラスメント**の用語の利用を批判し、**ワーク・ハラスメント**あるいは**職場のいじめ**の用語を選択している。弁護士川人博は、精神科医島悟とともに、過労死を告発するために、長年活動してきたが、二〇〇七年十月に、モラル・ハラスメントの被害者であった営業部社員の自殺は、労働災害であると東京地方裁判所によって認められるという成果を勝ちえた。*

滋賀大学教授の大和田敢太は、二〇一〇年十月に、職場のいじめ規制の法案制定を提案した。**

二〇一一年には、厚生労働省の専門家会議が、定義を検討するために開催された。大和田の提案は、フランスのモラル・ハラスメントに近いものであったが、専門家会議では、制限的であるにもかかわらず**パワー・ハラスメント**の用語を用い続けることが決定された。

他のアジア諸国では、社会心理的リスクに関する対応は見られない。

ベルギーでは、二〇〇二年七月十一日法が定められている。この法律は、労働における暴力、モラル・ハラスメントおよびセクシャル・ハラスメントからの保護に関する国王令により施行され、二〇〇〇年第四十三号および二〇〇〇年第七十八号の欧州連合指令に示唆を受けている。[***] 同法では、モラル・ハラスメントは、以下のように定義されている。「企業や施設の外部あるいは内部において、とりわけ言葉、脅迫、行為、身振りおよび一方的な書き付けによって表現され、労働の遂行の際に、労働者あるいは本法の適用対象である人の人格、尊厳もしくは肉体的あるいは心理的な統合性を損なうことを目的とするあるいはそのような効果をもたらし、その雇用を危険にさらし、もしくは威嚇的な、敵対的な、品位を貶める、屈辱的なあるいは攻撃的な環境をもたらすあらゆる性質の一定の時間の間、繰り返されるハラスメント行為」。

ケベックでは、二〇〇四年に、北米で初めて、労働におけるモラル・ハラスメントを規制する法律が制定された。「本法の適用に際して、「モラル・ハラスメント」とは、繰り返される行動、言葉、行動あるいは動作によって表現され、労働者の精神的あるいは肉体的な尊厳もしくは健全性を侵害し、労働者

＊ 医療情報担当者（ＭＲ）の自殺について、労災認定がなされた日研化学事件東京地裁判決（二〇〇七年十月十五日）の引用であろう。

＊＊ 職場のモラル・ハラスメントをなくす会が、厚生労働省に提出した職場のモラル・ハラスメント規制の法制化を求める要望書（大和田敢太『職場のいじめと法規制』日本評論社、二〇一四年、四三頁参照）。

＊＊＊ 二〇〇〇年第四十三号指令（人種あるいは民族的出身による差別のない、人の間の待遇原則の実施に関する二〇〇〇年六月二十九日の欧州連合指令）。二〇〇〇年第七十八号指令（一三三頁訳注参照）。

にとって、有害な労働状況をもたらす過酷な行為を意味する。重大な行為が労働者に対してかかる侵害をもたらし、継続的な有害な効果を生み出す場合に限って、モラル・ハラスメントを構成することになる」。

カナダの他の州では、サスカチュワン州（二〇〇七年）、オンタリオ州（二〇一〇年）では、労働の健康安全に関する法律に、モラル・ハラスメントに関する規定を追加している。(5)

ケベックの立法は、法規範に関する法律に挿入されているが、唯一、モラル・ハラスメントの被害者のための個人訴権を定めており、金銭賠償を獲得することを可能にしている。使用者は、モラル・ハラスメントを防止すること、およびその行為を知ったときには、中止させる手段を行使する義務を有する。裁判所は、使用者がハラスメントを中止させるための措置を講じ、労働者を復職させあるいは人事記録を修正するように命じることができる。法律は、職場にいるすべての労働者がモラル・ハラスメントから逃れる権利を明示している。この法的規定は、ケベック州のすべての労働協約の中にも、制限のない権利として挿入され、この保護は、組合員にも非組合員にも、また管理職にも適用される。権利の侵害の場合の訴えは、もっぱら使用者に対してのみ行使され、ハラスメントの実行者が使用者ではない場合には、被害者は、ハラスメント実行者自身に対して直接の訴えをできない。さらに、ハラスメントと関連して、精神的疾患を発症する場合には、その病気は、職業上の損害として認められうる。しかし、この場合、労働者は、労働災害と職業病に関する法律によって定められているもの以外の損害賠償の権利を有しない。この法律は、金銭賠償に関しては排他的な訴えを定めるものとなっている。

カトリーヌ・リッペル[*]によれば、モラル・ハラスメントについてのケベック州の定義は、複雑で、ハラスメントの立証を難しくしているが、苦情の圧倒的多数は、裁判所以外のところで解決されている。

スペインでは、労働におけるモラル・ハラスメントの罪が、二〇一〇年六月二十二日法によって、刑法典の中に導入された。「民間企業あるいは公務員分野で働き、優越的な立場にある者が、他の者に対して、繰り返し、敵対的あるいは屈辱的な行為を行ないたる場合は、その行為が、劣悪な労働条件をもたらしていなくても、被害者に対して重大なハラスメントとなっている場合には、処罰される」。

アイルランドでは、モラル・ハラスメントの防止と解決に関する善良な行為の規範法典が存する。

イギリスでは、モラル・ハラスメントを処罰する特別の条文は存しない。

ドイツでは、モラル・ハラスメントは、モラル・ハラスメントとして法的な概念とはなっておらず、使用者に対する労働者の権利を設けていない。しかし、ドイツの判例によれば、同僚や上司によって実行される系統的な攻撃、侮辱および差別の存在が認められることがある。ドイツの使用者が、同僚によって行なわれているモラル・ハラスメントを防止することなく、その保護と援助の義務に違反している場合には、使用者に対する訴訟は認容されうる。しかし、使用者に対して提起される損害の回復の訴

＊ Katherine Lippel、オタワ大学教授。

訟においては、使用者による権利侵害と、その結果生じている損害の存在を立証する義務が、労働者に課されている。

ノルウェーおよび**デンマーク**では、社会心理的リスクに関する公的な政策とメンタルヘルスの分野での専門的な労働監督官が存在している。しかし、ハラスメントされた人にとっては、法律は、モラル・ハラスメントに関してはほとんど実効性がないと考えられている。

オーストラリアでは、各州政府が独自の立法を有している。(南・西)オーストラリア州政府は、刑事立法を有しているが、民事面では何らの法律も有していない。連邦政府は、民事立法を採択するにいたった。

アメリカ合衆国では、ゲーリ・ナミ博士、ルース・ナミ博士*と関係団体である「職場のいじめ研究所」の影響のもとで、モラル・ハラスメントの事実の重大性が認識され始めてきており、十六州で法律が提案された。現在は、差別とセクシャル・ハラスメントだけが処罰されている。

ラテン・アメリカでは、コロンビア、チリおよびブラジルの一部の州において、労働法典の中に、特別立法が存する。他の国では、労働法典に修正を加えているところもある。メキシコの社会医学研究者であるフロレンシア・ペナの努力により、きわめて積極的なネットワークであるレッド・イベリアアメリカナ[6]が、労働医学に関心のあるすべての専門家、産業医、社会心理学者、労働監督官などを結集して、設立された。

ブラジルでは、一部の州で法律が存在する。産業医マルガリダ・バレットが、最初に、モラル・ハラスメントに関心を持ち、「労働における屈辱」と題する論文[7]を著した。本論文は、労働組合や労働における健康の専門家に影響を与えた。

このように、労働におけるモラル・ハラスメントの実態は、世界中のほぼあらゆる場所で認識されて、その研究は、絶えず発展している。多くの国が立法化することを選択しているのは、実効的な防止政策が自然発生的に実行されることはめったにないからである。

---

* Gary Namie、社会心理学者、Ruth Namie、臨床心理学者。

第八章　モラル・ハラスメントに対処する

フランスでは、労働におけるモラル・ハラスメントに関する立法が、使用者に重い義務を課しているが、経営者のすべてがこの法的要件の内容を理解しているかは定かではない。多くの人は、さまざまな措置のばらまきに満足しており、ストレスの防止を語るにとどまっている。経営者にとっては、モラル・ハラスメント問題はそれほど切実な課題とはなっていないようだ。行動しようとする人もいるが、十分な財源や人材を欠いている――実行する方法は何であろうかと。主観性に依存することもあるこの現象を理解しようとして困難にぶつかり、落胆している人も多い。そして、このような暴力を思い出して、人々は保身的な反応を呼び起こす。フランスの労働者の八五パーセントが、中小企業で働いており、そこでは、防止措置を実施することが難しいことを忘れてはならない。

二〇〇五年に公表されたマラコフ・メデリック[*]の調査によれば、企業の人事労務部関係者の圧倒的多数は、企業内の福祉は企業にとって生産性の要因であると考えているが、過半数以上の者は、福祉水準の悪化を防止するための具体的な措置を実施したことはないと述べている。このことの理由として、評価手段の不足（六三パーセント）、解決策の知識不足（四五パーセント）と企業内での専門家の不在（四六パーセント）を挙げている。

モラル・ハラスメントの端緒には、組織的原因が見いだされるとしても、社会や人の変化に関連した心理的要素があることも述べてきた。防止策は、実効的であるためには、さまざまな段階で実行されなければならない。しかし、フランスでは、労働条件に関して基軸となる集団的なアプローチに関する豊富な文書が存在するが、個人の責任の所在や教育を課題とする個別的アプローチは、めったに考慮されることがない。社会心理的リスクの否定的影響を制限することをもっぱら目的とする防止策を労働者個人の問題と混同することがある。経営者の責任は、労働者の責任を排除しないし、法律も労働者に自分の健康と同僚の健康を配慮する義務を課している。モラル・ハラスメントを防止しようとすれば、この課題を制度の次元からだけではなく、個人の位置からも考慮する必要があり、個人の責任を明確にして、個人の倫理の分野にこの問題を位置づける必要がある。

＊ Malakoff Médéric、老齢年金・医療保険会社グループ。

I　集団的な防止方法

企業組織的な次元では、モラル・ハラスメントの防止は、集団的にしか行なえず、社会心理的リスクの防止として実施するしかない。使用者は、労働審判所での無益な抗争を避けたいのであれば、事後的な補償の考え方から、事前のリスク防止の文化へと転ずる必要がある。使用者は、できるだけ前の段階から、企業内部の争いを解決し、特に組織の機能不全を監視して、争いを予測しなければならない。

私は、このような集団的な防止方法まではふれないこととするが、豊富な資料が、労働省内のさまざまなインターネット・サイトで入手可能である(1)。同時にこの解決方法は、外部から、専門家によって即時利用可能な形で与えられるので、表面的に取り繕うようなことであってはならない。それは、すべての当事者とともに検討され、議論されなければならない。多くのモデルが推奨されているが、正しいものだとしても、あまりにも論理的にすぎあるいは非現実的なものもある。それらは、法的保護の目的から補足的な手続きを挙げているだけであれば、必要はないだろう。

防止に先立って、リスクを測定する必要がある。二〇〇一年十一月五日の政令*制定以降、使用者は、「リスク防止を目的とする統一文書」を作成する義務を負っている。使用者は企業内部において、ハラスメントを誘発するような環境あるいはすでにハラスメントが現われている状況が存在しないかどうか検証しなければならない。これはいわば事前診断の段階であり、企業内で労働安全衛生委員会あるいは労使によって指名される人によって実行可能である。

防止計画を実施しようとする企業は、三段階の計画を踏むことができる。第一段階（リスクを防止する）、第二段階（損害を防止する）、第三段階（損害拡大を抑止する）。

1　第一次防止

第一段階の行動は、労働における苦痛を縮減しあるいは根絶するために、その原因に直接に働きかける。欠勤、離職、従業員間の紛争の頻発や苦情を検討して、労働組織や労働環境を分析することが課題となる。また、組織上の機能不全を特定し、経営行動を改善する必要がある。

そのためには、国立衛生安全研究所[2]、職業的リスク担当の労使団体（労働組合と使用者団体）とともに作成された社会心理的リスクの分析ツールを活用することもできる。

2　第二次防止

第二次防止の目的は、労働条件を修正することではない。それは、その否定的な影響を制限する目的

＊労働者の健康と安全のためのリスク評価に関する文書の作成に関する政令（N° 2001-1016）。

から、この問題をもっぱら対象にする。それは、モラル・ハラスメントと社会心理的リスクの課題について労働者に情報を提供し、啓発し、労働者のストレスに対する抵抗を大きくするために、気持ちのゆとりを広げることを目的としている。この防止措置は、限界も有している。労働組織や経営手法を俎上にのせることなく、労働者が労働に適応することを援助することにとどまるのなら、その活動の効果は、部分的で、短期間にだけ感じられるにすぎない。

この段階では、企業は、コンサルタント事務所によく頼っている。コンサルタント事務所は、さまざまな業務を提案する。たとえば、モラル・ハラスメントは何であるかを説明する講演、ストレス管理、労働時間管理、紛争解決、改革への対応のための作業チーム、ヨガや緊張緩和療法セミナーなど。また、悩んでいる労働者のために聞き取りをする小部屋を設置したり、企業によって費用負担される心理カウンセラーとの無料の四、五回の相談の権利を与える「相談チケット」を提案したりする。このように、防止政策を外注化することで、経営者にとっては、自己の責任が免れると感じる気持ちは大きいであろう。

3　第三次防止

ここでは、緊急性と、防止よりも処置が問題となる。労働における精神的健康の問題についてすでに苦痛を感じている労働者を、医学的、心理学的および社会的見地から世話をし、その健康状態をそれ以上悪化させないことが課題となる。もちろん、これは重要なことだが、それが、どうしてこの人がここにまで悪化するにいたったのかを理解するために、より総合的な検討を妨げてはならない。

Ⅱ 個人的な次元での防止

ここで個人的な防止を課題とするのは、これまで、労働者に対してストレス状態によりうまく順応するように誘導することを目的とする第二次防止だけがあまりにも頻繁に対象とされることで、各自の行動について個人の責任を問うことを忘れてきたからである。社会心理的リスクの防止は、たしかに、集団的規制であるが、モラル・ハラスメントの感知は個人的であり続けるのである。

1 標的とされた人

労働におけるモラル・ハラスメントでは、他の暴力の状態と同様に、対応が遅れれば遅れるほど、ますます、そこから抜け出るのが難しくなる。攻撃に対して反応がないことは、ハラスメント実行者からは、標的となった人だけでなく周囲の人からの黙示的な許容として、しばしば受け止められている。したがって、無礼なあるいは不当な行動の被害を受けているという気持ちを持ったらすぐ、対話によって状況を緩和しようと試み、状況を明確にし、問題行動を起こしている人に態度を改めるように要求しようとすることが重要である。単なる誤解である場合には、了承するであろう。もちろん、社会的近代化法以降は、モラル・ハラスメントは刑事訴追に相当することになったので、即座にモラル・ハラスメントと断定することはできないであろう。

標的となった人が、個人的な問題から、あるいは攻撃があまりにも激しくあるいは侮辱的であり、その行為がすでに大きく変容してしまっているようなことから、対応できないのであれば、まず、可能なときには、企業内部において、上司や人事管理部に対して援助を求め、そして、産業医によって支援してもらわなければならない。また、職場の従業員代表者あるいは労働監督官と接触し、職場の労働安全衛生委員会に訴え、その制度により警告手続きを行使することもできる。

すでに検討してきたように、モラル・ハラスメントの被害者は、精神的に大きな影響を受けているので、自分を守ることが上手にできないことがある。したがって、被害者は、精神科医や心理カウンセラーに対して、外部の精神的支援を求めなければならない。同時に、被害者は、犠牲者支援団体を通じて、弁護士や労働監督官から、法律的な面で相談を受けられることも好都合である。フランスには、職業上および労働環境についての病気治療において、四十の「労働と被害」相談組織が存在し、苦痛を受けている人の相談にのり、支援している。

可能な限り詳細に、受けた被害状況（日時、証人の有無等）を記録し、証拠を集めておくことが役に立つ。

2 ハラスメント実行者

ハラスメント実行者の立場を忘れてはならない。すでに見てきたように、ハラスメント実行者の圧倒的多数は、人格障害は有しておらず、しばしば自身が弱い立場にあり、あるいは社会的能力が不足している。自分の行動が問題を生じているとは自覚していないから、その人たちのことを正確に受け止め、教育し、他人を尊重することを教え、必要に応じて、その不適切な行為を処罰しなければならない。自分自身が困難を抱えているために、そのような行動をしてしまったとしても、それは受け入れられないと指摘することが重要である。

ハラスメント加害者を責めることが目的ではなく、自分で考察することを促し、自分の行動において、問題を生じさせていることは何かを自分で問うように促すことが必要である。その区別をするのは、経営者の責務である。

3 証言者

証言者については、同僚であれ管理職であれ、重要なことは、沈黙を保つことが、自分たちの責任を生じさせると理解することである。

モラル・ハラスメントは、誰も名指しされていないので、通常の紛争と同じように生じるのではない。したがって、ある人の孤立化の状態を速やかに突き止め、取るに足らない行動が増えていないか監視し、沈黙状態をやめさせ、対話を復活し、作業チームを一致団結させて、動機づけを与えるためにプロジェクトに意義づけをすることが重要である。これは、現場に近い管理職の役割である。管理職が、無礼と敬意との区別について模範となる行動をとる。管理職に対して、同僚の福祉に関心を持ち、弱さを持っていることを配慮し、自己愛的な態度を抑制するよう促さなければならない。作業チームの各人に対して、都合の悪いことをただ指摘するよりも、むしろ、その積極的な長所をお互いに支えあうことを教えなければならない。しかし、このようなことのためには、管理職は受け入れられていなければならない。そのためには、この管理職は、その実施している経営手法を理由にハラスメントの指弾を受けないために、職階上の権限の行使においても慎重でなければならない。

Ⅲ　経営段階での防止

従業員が満足しており、その福祉が配慮されている職場においては、モラル・ハラスメントのリスクは最小限になると考えることができよう。しかし、これは、それほど簡単に実行できない。使用者が、モラル・ハラスメントの防止に自ら率先して取り組まないのは、無関心のせいではなく、より多くの場合には、どのようにして行なうのかが分からないからである。中には、企業内部で発生する問題を解決することができない事実を社会に明らかにしてしまい、イメージが固定化することを恐れ、否認へと向かう使用者もいる。また、中には、ときに裏工作をするような従業員は、使用者が処罰すれば、災いを起こしかねないと恐れるあまり、明確で勇気ある態度をとろうとしない使用者もいる。他方では、これは法律制度の問題であるとして、自分のやり方を見直すことをまったく検討もしない使用者もいる。

労働者の苦痛を防止するために、企業経営に必要な改善策に関しては、多数の書物や報告書がある。報告書『労働における福祉と効率性』は、アンリ・ラシュマン*、クリスティアン・ラローズ**およびミュリエル・ペニコー***によって、二〇一〇年二月に、首相に提出されたものであるが、このような問題意識を収めている。[3] この報告書は、企業における経営、組織および労働生活の方法を見直し、経済的とともに社会的な評価視点を取り入れることを提案している。作成者によれば、「成果の評価は、人間的な要素、したがって、労働者の健康を組み入れなければならない」。

---

* Henri Lachmann、一九三八年―、シュナイダー・エレクトリック監査役会議長。
** Christian Larose、経済社会環境評議会副議長。
*** Muriel Penicaud、ダノン人事労務部長。

報告書は、労働における精神的な健康を改善するために、十の提案を列挙している。この勧告のうちのいくつかを引用することにしたい。

・現場に近い管理職を支援すること

管理職は、防止計画において、原動力となる立場にある。管理職は、従業員の中の問題状況（緊張、孤立、欠勤）に近い立場にあり、労働についての具体的な状況にも近い立場にある。その意味で、管理職が、労働に積極的な意義を与えることが可能な立場にある。

最近の研究によれば、ストレスは、企業経営の中に欠陥がある場合にだけ、病理に変異する。その欠陥は、現場に近い管理職の立場の不安定化と労働に関する集団的な議論の不在によって顕在化するものである。[4] したがって、現場に近い管理職を支援し、労働組織に関する対話を活発にするための工夫の正当性と裁量の余地を認める必要がある。「現場に近い管理職は、単なる伝達役であってはならない。作業チームの効率性と結束力を最適化するために、編成や決定の裁量を有していなければならない」。

若い学卒者は、職業教育において、作業チームの行動様式、特に、聴取、対話や認識の方法について訓練されていない。この報告書の提案においては、さらに、「経営エリートを養成しているが、人間を話題にすることはない」高等専門学校（グランゼコール）での最適な教育が指摘されている。

・話しあいの場を設けること

困難に出会うことについて、分かちあいと話しあいの場を数多く持つことによって、従業員間の緊張を減らすことができる。重要なことは、労働者が、自分に関する決定の過程で、発言をしていたという印象を持つことである。各人が、それぞれのところで、意見を聞かれなければならない。小さな苦情を無視してはならない。というのは、それは、一般的なものへと発展していく可能性があるからだ。ある組織は、それを構成する人々が自分たちに及ぼされる権力と意見が一致していると感じているときにだけ、実際に効果的になりうるのである。ラシュマン報告は、また、直接の対話を犠牲にしている、インターネットのような新しい通信技術によって果たされている役割についても警告を発している。「インターネットによる労働に関する話しあいは、労働における問題から、感情面の一部の問題を取り除いてくれる。労働者は、その問題にもう直面することもない」。

・労働に意味を与え直すこと

労働条件を改善しなければ、労働の意味そのものを維持することはできない。労働者は、自分が行なっていることを通じて、自分を実現するという欲求を持っている。そのため、成果に対する見返りの欲求を持っているが、同時に、自分たちの労働が、企業の戦略の中にどのように取り込まれているのか理解したいと思っている。自分に関わる仕事を遂行するための最善の方法について、労働者の見解を考

慮することも、同時に不可欠である。「労働者はみな、自分が成果をあげており、役に立っていること
を望んでいるが、これは、その労働に意味と誇りを与えることである。これは、組織の機能不全を特定
し、効率性の改善策を提案するために最も優れた方法である」。

・変革への配慮

企業内の変革に直面した労働者が不安に感じ、それがどこまで労働者を不安定にしてきたかを述べて
きた。重要なのは、企業内での再編計画すべてにおいて、人に与える影響（適応期間、労働負担の変
更、新しい能力の取得、必要なら通勤時間の軽減）を考慮することである。

・個人的問題を否定しないこと

肯定的にしろ否定的にしろ、労働者の気持ちに最も負担がかかることは、従業員間の関係である。ラ
シュマン報告は、「従業員間の難しい関係によって生じるストレスに対応するために、直接の上司との
問題発生の場合には、二段階上の上司と近くの人事労務部の責任者に訴えを行なう可能性を制度化す
る」ことを提案している。

しかし、経営者の善意やうわべの倫理的な話だけを当てにしてはならない。金銭的な制裁や経済的な
議論は、強力な味方となるであろう。ラシュマン報告の作成者は、「経営者の報酬における社会的な指

標を考慮する」ことを勧告している。モラル・ハラスメントは、対象となった人の健康に重大な影響を及ぼすだけではなく、業績を悪化させ、欠勤や退職を通じて、労働費用を増大させることになると改めて指摘しておこう。

むすびに代えて

　世界中のほとんどいたる所で、モラル・ハラスメントの問題の重要性が増大しているのが、現実である。このことは、労働と同時に社会や人の根本的な変化を明らかにしている。この問題について、とりわけフランスで行なわれてきたように、立法化することによって、限界を明確にし、私たちの社会は、このような悪意ある行動を受け入れることはできないことを表明している。さらに、使用者に対して、防止の措置を講じる義務をはっきりと指摘している。一般的には社会心理的リスク、個別にはモラル・ハラスメントについて企業組織が自覚することは、企業組織にとっても、好機となる。労働の問題について、労使の対話を促進することは、従業員の健康計画と企業の生産計画に積極的な意義を有する。

　モラル・ハラスメントは、個人に関する主観的な病理にとどまらない。それは、社会全体に倫理との関係を問うてきた社会的問題の徴表でもある。それは、明らかになりつつある文化的な転換を分析することを求めている。変容してきた社会における人の変化は、手を加えられるべきものではない。企業経営はそのことを配慮しなければならない。労働におけるより優れた福祉を少しでも実現しようと望むなら、最も重要なことは、人はときに弱い立場を引きずっているものだと考えることである。人は、総合的な人格であり、あらゆる状況で、そのようなものとして捉えられなければならない。

訳者あとがき

マリー＝フランス・イルゴイエンヌ氏は、精神科医で、ハラスメント研究の第一人者である（http://www.mariefrance-hirigoyen.com/）。ボルドー大学医学部で民族精神医学の専門課程を経て、医学博士号を取得し、精神医学の専門家となる。アメリカン大学とパリ第五（デカルト）大学で犯罪被害者学を学び、精神的暴力の研究テーマで学位免許を得て、デカルト大学で犯罪被害者学の教育と研究に従事する。現在は、精神科医、精神分析医、精神療法士、システムズ・アプローチ家族療法士として活躍している。一九九八年刊行した『モラル・ハラスメント――日常の陰険な暴力』は、フランスで四十五万部売れ、二十四の言語で翻訳され、「モラル・ハラスメント」の概念が一躍脚光を浴びることになった。議会の立法専門家会議に加わり、二〇〇二年法に「モラル・ハラスメント」の用語を挿入させることに貢献した。日本では、本書引用の他に二冊の訳書が出版されている［『フランス人の新しい孤独』（小沢君江訳、緑風出版、二〇一五年）、『殴られる女たち――ドメスティック・バイオレンスの実態』（松本百合子訳、サンガ、二〇〇八年)」。

イルゴイエンヌ氏は、二〇〇六年に来日している。すでに二冊の訳書が出版されていたので、「モラル・ハラスメント」の概念自体は、日本でも人口に膾炙されていたが、この概念の提唱者自身による講演は、改めて多くの人に感動を与えることとなった。日本でも、これ以降、「モラル・ハラスメント」の概念が急速に普及したと言ってよい。実は、訳者自身も、当時は、まだ「精神的ハラスメント」の用語を用いていた。訳者は、二〇一〇年のカーディフ大学(ウェールズ)でのシンポジウムで、初めて著者と出会い、特に概念の重要さについて、多くの教示を得た。適切な概念の重要性は、本書でも、「すべての人によって受け入れられる定義」(一六頁)として指摘されている。

イルゴイエンヌ氏の功績は、何よりも、この「モラル・ハラスメント」の概念を創出したことである。長年の精神科医としての活動に裏付けられた豊富なデータを伴っていただけに、瞬く間に、社会的評価を得ることとなった。とくに、被害者を初めとする運動団体に影響を与えた。被害者は、モラル・ハラスメントという表現定式を得て、自分たちの主張に法的確信を持つようになった。そして、国際的にも特筆されるべきは、二〇〇二年法によるモラル・ハラスメントの定義の明確化と処罰規定による防止政策という立法化へと結びついたことである。

ハラスメントの定義は、その内容もさることながら、その画定方法も、国や研究者の立場を反映して、多種多様であった。五年ごとに実態調査を実施している欧州生活・労働条件改善機構の調査報告書は、継続的な実態調査の成果として、調査項目に含まれていたハラスメント概念の形成とその普及、そのことにより、関係者がハラスメント問題を自覚することを促したと総括している。著者によるモラル・ハラスメント概念と定義の提起が、ヨーロッパのレベルにとどまらない国際的な調査・研究活動に及ぼした影響も計り知れない。

本書では、フランスでのモラル・ハラスメントに対応する北欧諸国や英語圏などでの用語であるモッビングやブリイングという叙述も用いられる。本書は、これらの用語が科学的な概念として確立していなかった時期からの国際的な調査・研究の蓄積を踏まえているだけに、随所に、「有害な行為」、「敵意ある行動」、「悪意ある行為」、「脅迫行為」、「不愉快な行動」、「暴力」などの表現が登場する。具体的な行為の説明の他では、モラル・ハラスメントの概念が定着した今日的視点からすれば、訳語として、「ハラスメント」あるいは「モラル・ハラスメント」という日本語を当てはめても文意自体は損なうことはないであろう。しかし、それぞれの時期、各国の研究者が、この現象を分析し、表現するために、最も適切な用語を工夫して考案していた痕跡がここには残されている。そのため、訳語としては、各研究者によって用いられた用語の直訳になるが、先のような表現を選択している。こうした用語の混迷は、著者のモラル・ハラスメントの提起によって、解決したといってよい。

著者のモラル・ハラスメント研究の優れているのは、集団的な側面である企業経営に関わる構造的な要因と、個別的な分析視点である当事者の個人的な特徴による要因とを複合的に統一したことである。

そして、原因、行動過程、結果（現象）と対策を総合的に検討し、政策提言に結びついている。また、当事者について、被害者と加害者の立場への目配り、管理職と同僚の役割の重視は、精神科医としての経験に裏付けられているだけに、説得的である。

海外にはほとんど知られていなかった日本についての叙述も貴重であろう。著者は、日本におけるモラル・ハラスメントの特徴について、「個人的な問題とみなされ（る）」（一四七頁）と述べて、ハラスメントが当事者間の個人的なトラブルやコミュニケーション不足の問題と捉えられがちな傾向を的確に指摘している。そのため、日本語版への序文では、モラル・ハラスメントが企業経営のあり方を問う問題として、つとに強調されることになっている。自殺者数など比較可能な統計は訳注で引用したが、科学的な実態調査が存在しないため、ハラスメント自体の比較可能なデータを提示できなかった。パワー・ハラスメント概念については、海外の研究者は懐疑的なことは、本書全体の基調からすれば、自ずから明らかになるであろう。訳者自身は、著者の業績に刺激され、包括的なワーク・ハラスメントの概念（モラル・ハラスメント、肉体的ハラスメント、セクシャル・ハラスメント等を包摂）を提唱している。パワー・ハラスメントは、ハラスメント行為の一部を指称しても、ハラスメントを定義する象徴的概念とはなりえない。その前提となる労使関係像も非科学的との批判は免れえないことは、本書における企業分析が余すところなく描いているのである。電通の新人社員の自殺のような痛ましい事件が横行している日本におけるハラスメント対策の充実・強化、「ハラスメントのない社会NHS（No

Harassment Society)」の実現に向けて、本書が教示するところは多大なものがあろう。

ハラスメントとモラル・ハラスメントの用語が併用されている。ハラスメントは、場面に応じて、モラル・ハラスメントと同義の場合と、モラル・ハラスメント、セクシャル・ハラスメント、暴力（有形力の行使によるハラスメント、肉体的ハラスメントとも言う。刑法上の暴行よりも広い概念）を包含する場合がある。紛争（conflit）は、一部では、モラル・ハラスメントとの関係性を問題提起する用例もあるが、広く一般的な語義としても用いられている。管理職は、職制としての管理職を意味している場合とフランスに特有の概念である管理職員（cadre）を指している場合がある。管理職員は、フランス管理職員労働組合総同盟（CFE-CGC）も存在するように、労働者としての位置づけからも、モラル・ハラスメント問題の当事者として認識されている。これは、日本におけるパワー・ハラスメント概念にみられる管理職と労働者の対立的位相とは異なるところである。また、国名は通称によったが、見出し（それに準じるところ）では、「アメリカ合衆国」とした。

関係する法令・判例、研究者等については、なるべく詳しい訳注を施したが、調査の及ばなかったものもあり、訳注の叙述内容に不統一なところもある。欧州生活・労働条件改善機構によるヨーロッパ労働条件実態調査の報告書（英語版）は、参考文献一覧に掲載したが、最も詳細な第四回報告書だけフランス語版も引用した。データも同機構のサイトで公開されているが、データ全体については、現在は、イギリスの統計機関で公表されている（http://www.eurofound.europa.eu/surveys/about-eurofoundsurveys/data-availability)。引用した各種サイトのURLは校正時に確認できたものを記述した。変更を重ねているものもあり、見あたらない場合は、組織名や文献名から検索をお願いしたい。

一部の医学用語については、精神医学専門の久保田泰考医師（滋賀大学保健管理センター教授）のアドバイスを受けたが、もとより、訳者の知識不足から、推敲の足らざるところも多々あるかもしれないことは予めお詫びしておきたい。

最後になりましたが、白水社編集部の小川弓枝さんには、企画の段階から大変お世話になったことを記して、深甚なる謝意を表したい。

二〇一六年十二月

大和田敬太

文庫クセジュ

社会科学

357 売春の社会学
396 性関係の歴史
483 社会学の方法
616 中国人の生活
654 女性の権利
693 国際人道法
694 外科学の歴史
717 第三世界
740 フェミニズムの世界史
744 社会学の言語
746 労働法
786 ジャーナリストの倫理
787 象徴系の政治学
824 トクヴィル
845 ヨーロッパの超特急
847 エスニシティの社会学
887 ＮＧＯと人道支援活動
888 世界遺産
893 インターポール
894 フーリガンの社会学
899 拡大ヨーロッパ
917 教育の歴史
919 世界最大デジタル映像アーカイブ ＩＮＡ
926 テロリズム
936 フランスにおける脱宗教性(ライシテ)の歴史
940 大学の歴史
946 医療制度改革
957 ＤＮＡと犯罪捜査
994 世界のなかのライシテ

訳者略歴
大和田敢太（おおわだ　かんた）
京都大学法学部卒業
京都大学大学院法学研究科博士課程民刑事法専攻単位取得退学
現在，滋賀大学名誉教授，博士（法学）
「職場のモラル・ハラスメントをなくす会（http://www.morahara.org/）」世話人
主要著書に『フランス労働法の研究』（文理閣，1995年），『労働者代表制度と団結権保障』（信山社，2011年），『職場のいじめと法規制』（日本評論社，2014年），『フランスにおける労働組合の代表権能の動揺と再生』（滋賀大学経済学部研究叢書，2015年）

文庫クセジュ　Q 1010
モラル・ハラスメント　職場におけるみえない暴力

2017年2月5日　印刷
2017年2月25日　発行
著　者　マリー＝フランス・イルゴイエンヌ
訳　者 Ⓒ 大和田敢太
発行者　及川直志
印刷・製本　株式会社平河工業社
発行所　株式会社白水社
東京都千代田区神田小川町3の24
電話 営業部 03（3291）7811 / 編集部 03（3291）7821
振替 00190-5-33228
郵便番号 101-0052
http://www.hakusuisha.co.jp

乱丁・落丁本は，送料小社負担にてお取り替えいたします．
ISBN978-4-560-51010-0
Printed in Japan

原注

はしがき

（1）H. Leymann, The Content and Development of Mobbing at Work, *European Journal of Work and Organizational Psychology*, 1996, 5 (2), p. 165-184.

第一章　モラル・ハラスメント概念の登場

（1）H. Leymann, *Mobbing : la persécution au travail*, Paris, Seuil, 1996.（フランス語版）

（2）M.-F. Hirigoyen, *Le Harcèlement moral, la violence perverse au quotidien*, La Découverte, 1998.〔マリー＝フランス・イルゴイエンヌ著『モラル・ハラスメント——人を傷つけずにはいられない』高野優訳，紀伊國屋書店，1999年〕

第二章　定義と構成要素

（1）C. M. Brodsky, *The Harassed Worker*, Lanham (Maryland, États-Unis), Lexington, 1976.

（2）H. Leymann, *Mobbing, op. cit.*

（3）OIT, Lorsque travailler devient dangereux, *Travail*, N° 26, 1998, p.6. en ligne, http://www.ilo.org/wcmsp5/groups/public/@dgreports/@dcomm/documents/publication/dwcms_080648.pdf.

（4）C. Bonafons, L. Jehel, M.-F. Hirigoyen, A. Coroller-Béquet, Précision de la définition du harcèlement moral au travail, *L'Encéphale*, 34, 2008, p.419-426.

（5）F. Sironi, *Psychopathologie des violences collectives*, Paris, Odile Jacob, 2007.

（6）Aristote, *Éthique à Nicomaque*.〔アリストテレス著『ニコマコス倫理学』高田三郎訳，岩波文庫，1971-3年〕

（7）M.-F. Hirigoyen, *Malaise dans le travail : harcèlement moral, démêler le vrai du faux*, Syros, 2001.〔マリー＝フランス・イルゴイエンヌ著『モラル・ハラスメントが人も会社もダメにする』高野優訳，紀伊國屋書店，2003年〕

第三章　労働におけるモラル・ハラスメントと社会心理的リスク

（1）Mesurer les facteurs psychosociaux de risque au travail pour les maîtriser, Rapport du Collège d'expertise sur le suivi des risques psychosociaux au travail, 2009.

（2）D. Chappell, V. Di Martino, *La Violence au travail*, BIT, Genève, 2000.

第四章　病理現象

（1）http://www.eurofound.europa.eu/fr/surveys/european-working-conditions-surveys/fifth-european-working-conditions-survey-2010

（2）M. Vézina, E. Cloutier, S. Stock, K. Lippel, É. Fortin *et al.*, *Enquête québécoise sur des conditions de travail, d'emploi, et de santé et de sécurité du travail (EQCOTESST)*, Québec, Institut de recherche Robert-Sauvé en santé et sécurité du travail/Institut national de santé publique du Québec et Institut de la statistique du Québec, 2011.

（3）A. Soares, *Quand le travail devient indécent : le harcèlement psychologique au travail*, Département d'organisation et ressources humaines, École des sciences de la gestion, UQAM, 2002.

（4）H. Hoel, C. Cooper, *Destructive Conflict and Bullying at Work*, Manchester School of Management, 2000 (rapport non publié).

（5）ローヌ=アルプ・中部労働研究機構（SAMOTRACE）: http://www.ors-rhone-alpes.org/

（6）*Santé et Travail*, n° 65, janvier 2009.

（7）INRS, *Document pour le médecin du travail*, n° 105, 1er trimestre 2006.

（8）S. Einarsen, A. Skogstad, Bullying at Work: Epidemiological Findings in Public and Private Organizations, *European Journal of Work and Organizational Psychology*, 1996, 5, p. 185-201.

（9）H. Hoel *et al.*, The Experience of Bullying in Great Britain: The Impact of Organizational Status, *European Journal of Work and Organizational Psychology*, 2001, 10 (4), p.443-465.

（10）P. Paoli, D. Merllié, *Troisième enquête européenne sur les conditions de travail*, Fondation européenne pour l'amélioration des condi-

tions de vie et de travail, 2000, http://www.eurofound.europa.eu/pubdocs/2001/21/fr/1/ef0121fr.pdf.
(11) V. Di Martino, H. Hoel, C. Cooper, *Preventing Violence and Harassment in The Workplace*, Bruxelles, European foundation for the improvement of living and working conditions, 2003.
(12) A. Soares, *Le harcèlement psychologique a-t-il un âge?*, Département d'organisation et ressources humaines, École des sciences de la gestion, UQAM.
(13) この問題については，特に，Philippe Le Guayの映画 *Trois-Huit*（2001年）参照.
(14) D. Zapf, J. Escartin, S. Einarsen, H. Hoel, M. Vartia, Empirical Findings on Prevalence and Risk Groups of Bullying in The Workplace, in *Bullying and Harassment in The Workplace*, CRC Press, 2011.
(15) D. Salin, The Significance of Gender in The Prevalence, Forms and Perceptions of Bullying, *Nordiske Organisasjonsstudier*, 5, 2003, p. 30-50.

第五章　モラル・ハラスメントの影響
(1) H. Leymann, The Content and Development of Mobbing at Work, in *Mobbing and Victimization at Work, European Journal of Work and Organizational Psychology*, vol. 5 (2), 1996.
(2) Y. Vandriette, P. Corten, P. Dewell, L. From, C. Kornreich, P. Verbanck, *Stress au travail et harcèlement moral : une étude comparative des mécanismes adaptatifs et des conséquences psycho-sociales*, Bruxelles, CHU-Brugmann, 2006.
(3) M.-F. Hirigoyen, Healing The Wounded Soul, in N. Tehrani (ed.), *Workplace Bullying*, Londres, Routledge, 2012.
(4) C. Rayner, From Research to Implementation: Finding Leverage for Prevention, *International Journal of Manpower*, 20, 28-38, 1999.
(5) M. Kivimäki, M. Elovainio, J. Vahtera, Workplace Bullying and Sickness Absence in Hospital Staff, *Occup. Environ. Med.*, 57, 2000.
(6) R. Bourdonnais *et al.*, Contraintes psychosociales du travail, in *Portrait social du Québec : données et analyses*, Québec, Institut de

la statistique du Québec, 2001.

(7) N. Tehrani, Bullying and Post-Traumatic Stress, in *Workplace Bullying*, Londres, Routledge, 2012.

(8) 著者による訳.

(9) M. Debout, Le suicide, *Journal officiel de la République française, avis et rapports du Conseil économique et social*, n° 15, 30 juillet 1993, p. 36.

(10) A. Soares, When Darkness Comes, in *Workplace Bullying*, *op. cit.*

(11) C. de Gasparo, M. Grenier-Pezé, Étude d'une cohorte clinique de patients harcelés. Une approche sociologique quantitative, *INRS, Documents pour le médecin du travail*, n° 95, 3/2003, p. 307-331.

(12) A. Soares, *Quand le travail devient indécent*, Département d'organisation et ressources humaines, École des sciences de la gestion, UQAM, 2002.

(13) H. Hoel, K. Sparks, C. Cooper, *The Cost of Violence/Stress at Work and The Benefits of a Violence/Stress-Free Working Environment:* Report Commissioned by The International Labor Organization, Genève, Organisation internationale du travail, 2001.

(14) F. Lorho, U. Hilp, *Le Harcèlement moral au travail*, Parlement européen, direction générale des études, série affaires sociales, SOCI 108 FR, 2001.

第六章　モラル・ハラスメントの原因

(1) A. Ehrenberg, *La Fatigue d'être soi*, Paris, Odile Jacob, 1998.

(2) G. Herreros, *La Violence ordinaire dans les organisations*, Toulouse, Erès, 2012.

(3) M. Marzano, *Extension du domaine de la manipulation*, Paris, Grasset, 2008.

(4) V. Di Martino, H. Hoel, C. Cooper, *op. cit.*

(5) A. Ehrenberg, *La Fatigue d'être soi*, *op. cit.*

(6) E. Seigne, Bullying at Work in Ireland, in M. Sheehan, M. Barker, C. Rayner, *Bullying at Work*, Staffordshire University, 1998.

(7) 病気の問題ではなく，心身のパーソナリティに関わる機能方法の問題であることを指摘しておきたい.

(8) R. F. Baumeister, The Self, in D.T. Gilbert, S.T. Fiske, G. Lindzey (eds.), *Handbook of Social Psychology*, New York, McGraw-Hill, 1998, p. 680-740.
(9) C. Dejours, *Souffrance en France*, Paris, Seuil, 1998.
(10) http://www.bosswhispering.com.

第七章　法的制度

(1) S. Laviolette, *Violence, harcèlement et management : quelle prise en compte juridique en termes de RPS ?*, présentation lors de la journée Comparisk, Bordeaux, 2013.
(2) *Quelle reconnaissance des pathologies psychiques liées au travail en Europe ?*, rapport Eurogip, 2013.
(3) 2013年，ボルドー大学比較労働法社会保障法研究センター主催の研究セミナーでのマリシャラー（P. Marichalar）の報告による．
(4) http://www.morahara.org/
(5) K. Lippel, *Chaire de recherche du Canada en droit de la santé et de la sécurité du travail*, Faculté de droit, université d'Ottawa.
(6) asediogrupal@yahoogrupos.com.mx.
(7) M. Barreto, *Violencia, Saude e trabalho, una jornada de humilhaçoes*, Sao Paulo (Brésil), Editora da PUC-SP, 2003.

第八章　モラル・ハラスメントに対処する

(1) http://travail-emploi.gouv.fr/droit-du-travail/relations-au-travail/harcelement-discrimination/article/le-harcelement-moral.
(2) http://www.inrs.fr.
(3) H. Lachmann, C. Larose, M. Pénicaud, *Bien-être et efficacité au travail. Dix propositions pour améliorer la santé psychologique au travail*, février 2010. http://lesrapports.ladocumentationfrancaise.fr/BRP/104000081/0000.pdf.
(4) *Les déterminants organisationnels et managériaux de la santé au travail. L'enjeu de la parole sur le travail*, rapport ANR coordonné par M. Detchessahar, 2009.

原注と訳注で引用したもの以外の参考文献

Claude Berghmans, *Stress au travail*, DUNOD, 2010.

Ariane Bilheran et Gilles Bouyssou, *Harcèlement en entreprise*, Armand Colin, 2010.

Stéphane Brissy, *Le harcèlement dans l'entreprise*, Éditions des citoyens, 2011.

Lucie Cluzel-Metayer et Marie Mercat-Bruns, *Discriminations dans l'emploi, Analyse comparative de la jurisprudence du Conseil d'État et de la Cour de Cassation*, La documentation Française, 2011.

Ståle Einarsen, Helge Hoel, Dieter Zapf and Cary L. Cooper, *Bullying and Harassment in the Workplace*, CRC Press, Second Edition, 2011.

EUROFOUND (European Foundation for the Improvement of Living and Working Conditions), *First european survey on the work environment 1991-1992*, 1992.

EUROFOUND, *Second European Survey on Working Conditions*, 1997.

EUROFOUND, *Third European survey on working conditions 2000*, 2001.

EUROFOUND, *Quatrième enquête européenne sur les conditions de travail*, 2007.

EUROFOUND, *Violence, bullying and harassment in the workplace, Dublin Report*, 2007.

EUROFOUND, *Fourth European Working Conditions Survey: Contribution to policy development*, 2010.

EUROFOUND, *Violence physique et psychologique sur le lieu de travail*, 2010.

EUROFOUND, *Fifth European Working Conditions Survey*, 2012.

EUROFOUND, *Sixth European Working Conditions Survey*, 2016.

European Agency for Safety and Health at Work, *Workplace Violence and Harassment*, 2010.

Benedicte Hanbold, *Les risques psychosociaux*, EYROCLES, 2e éd., 2010.

Denis Hanot, *Les sanctions du harcèlement au travail dans les secteurs privés et publics, Les sanctions pénales*, L'Harmattan, 2008.

Marie-France Hirigoyen, *Abus de faiblesse et autres manipulations*, JC Lattés, 2012.

HMS (Harcèlement), *Pour la reconnaissance du harcèlement moral dans la législation française*, Textes de loi et Jurisprudence.

INRS, *Stress et harcèlement moral. Aperçu réglementaire et jurisprudence*, 2008.

Loïc Lerouge (sous la direction), *Risques psychosociaux au travail, Étude comparée Espagne, France, Grèce, Italie, Portugal*, L'Harmattan, 2009.

Loïc Lerouge (sous la direction), *Approche institutionnelle de la prévention des risques psychosociaux*, Semaine sociale Lamy, supplément N° 1536, 2012.

Jean-Frédéric Poisson, *Les risques psychosociaux au travail*, Texte remis à la mission d'information de l'Assemblée nationale sur les risques psychosociaux, 2011.

Philippe Ravisy, *Le harcèlement moral au travail*, Éditions Delmas, 2007.

SPF (Bélgique), *Rapport d'évaluation sur la Loi du 11 juin 2002 relative à la protection contre la violence et le harcèlement moral ou sexuel au travail*, 2004.

SPF (Bélgique), *Évaluation de la législation relative à la prévention de la charge psychosociale occasionnée par le travail, Dont la violence et le harcèlement moral ou sexuel au travail*, Rapport de recherche et Statistiques et évaluations complémentaires, 2011.

Les pays de l'Europe du Nord face à la prévention des risques psychosociaux au travail Droit, politique de prévention, dialogue social, Synthèse d'études internationales à Bordeaux les 3 et 4 mars 2011.

なお，医学用語については，以下の文献を参考にした．

『新版精神医学事典』（弘文堂，1993年），日本精神神経学会精神科病名検討連絡会『DSM-5 病名・用語翻訳ガイドライン（初版）』（精神神経学雑誌第116巻第6号，2014年）